超強記憶力訓練術

記憶はスキル

畔柳圭佑——著
Keisuke Kuroyanagi

淺田 Monica——譯

晨星出版

序言● 為什麼要「記住」這麼難?

你擅長記憶嗎?

「最近常常想不起來別人的名字。」

「以前明明可以背出好多人的電話號碼,但自從有了智慧型手機後,好像就越來越記不住數字了。」

「新的用語相繼出現,就算查了意思,也完全記不起來⋯⋯。」

手上正拿著這本書的你,是不是也有過相似的想法呢?

這本書,就是為了「對記憶力沒有自信」的你而存在的。

序言

說到「記憶」一詞，第一個想到的就是學生時期的臨時抱佛腳。大考前一天才記住的數學公式、英語單字或者歷史年份，考完試三天後就又忘得一乾二淨。「這樣真的有意義嗎？」我們邊思索著，邊不斷重複著這樣的循環……。

對於有過如此經驗的人來說，記憶或許是「不僅辛苦還沒有意義」的一件事。

又或者某一天，你突然心想「我想要會說英文」，因此一鼓作氣地跑到書局買了一本英文單字書。翻開書，裡頭有兩、三千不等的單字。

要全部記起來，到底需要花上多少時間呢？

說到底，真的有辦法把這些單字全部記起來嗎？

想著想著就突然覺得壓力好大⋯⋯。

好不容易湧起的幹勁突然一瞬之間洩了氣，最後那本英文單字書就被晾在書桌一角，慢慢地被遺忘⋯⋯。

沒錯，這就是你。

但這樣的，也不只有你。

許多人或多或少也都有和你相似的經驗。

就連我也是⋯⋯。

然而，覺得記住自己的住家位置很困難，或者無論如何就是記不得住家位置的人，卻幾乎不存在。

這是為什麼呢？

原因在於，**人類對於真正被認定為必要的事物，總是能夠不費吹灰之力地就自然記住。**

序言

——咦？但是英文單字對我來說很必要啊！

既然如此，那為什麼要記住英文單字那麼困難呢？

那是因為，「記憶」一詞，指的並不是單純將事物記起來那麼簡單。

這是什麼意思呢？事實上：

「想記住什麼？」
「要如何記住？」
「已經記住了多少？」
「已經忘記了多少？」
「要如何才能避免忘記？」

這些與記憶相關的種種要素，都必須在記憶之際妥善規劃。這些記憶程序的規劃，與記憶之苦相互連結。

而「記得住家位置」的程序卻十分簡單。

我們每天無論如何都必須重複回家的動作，因此想記住的東西十分明確地就是「回家的路」。從你是不是能一個人回到家裡這點，就能知道你已經記住了多少；如果你還沒記住，那麼當天就會回不了家。如果找不到回家的路，此時你應該就會打開手機查看地圖來確認答案。就是這麼簡單。

但是，我們平時想記住的東西，卻非如此單純。

如果記憶就只是記住那麼簡單的話，就不該是件苦差事，或甚至可能還會令人覺得是件相當享受的事。

序言

世上有各式各樣的記憶方法。

舉例來說，藉由情感波動或者創造故事來記憶。這些方法以科學的角度來看也是正確的。

那麼，明明世上有這麼多幫助記憶的方法，為什麼還是有人會覺得自己不擅長記憶，或者覺得記東西很痛苦呢？

聽到這些方法的時候，你是不是也這樣想過呢？

「這些方法我根本辦不到。」

「太難了啦！」

「要學會這個方法也太麻煩了吧……。」

若要藉由情感波動來記憶，那麼背英文單字的時候，不就得要背這個單字時開心，背那個單字時傷心嗎？這樣也太辛苦了吧。

藉由編故事來記憶的方法也是，就算只要編一則簡單的故事，但如果背一個英文單字就必須編一則故事，那根本只有編故事的天才才辦得到呀。

如果用這些方法就能輕鬆記憶，那當然沒有問題。

然而，對大多數人而言，**要讓情感無限波動或編造無限的故事，本身可能和背英文單字一樣困難，或者甚至比背單字還要更困難。**

但我有一個好消息想告訴不適用這些方法的朋友。

序言

那就是隨著記憶相關研究的進步，**無痛記憶的方法正逐漸明朗**。這之中有許多尚不為人熟知或利用的方法。

不用去學習特殊技能，只要善用這些知識，稍微改變一下目前的記憶方法，就能讓記憶的附著程度顯著地得到改善。

在這裡，讓我重新介紹一下我自己。

我是畔柳圭佑，我既不是腦科學家，也不是記憶大賽的冠軍，我是一名軟體工程師。我過去曾在 Google 工作，負責軟體鍵盤的開發。

像我這樣的人，為什麼會寫出一本與記憶相關的書呢？

契機是來自一位朋友的求助。

他對我說：「我想做一款背英文單字的 APP，你來幫幫我吧。」

我一搜尋就發現市面上已經有成千上萬的英文單字APP。「為什麼?」我不禁疑惑。我想這是因為,市面上現存的單字APP還沒有辦法滿足用戶「記憶」的需求。

因此,我開發出一款著重於幫助記憶附著的APP「Monoxer」。

為了開發這款APP,我大量閱讀了與記憶相關的文獻。完成開發工作後,這款APP現在也很榮幸地被諸多補習班、學校與企業拿來應用。

我想在書中與大家分享的,就是我在開發這款管理記憶的APP時所了解到,能夠使記憶變得更有效率的方法。

請大家放心。

序言

記憶並不如大家想像中的那麼困難。

而記憶所帶來的好處，卻遠遠超乎想像。

從小時候的經驗來看，你可能會覺得背東西不只很辛苦，還一點用都沒有！

但是，記憶會如此辛苦，那是因為用錯了方法。

只要用了正確的方法，任何人都能無痛記憶，並且在現實生活中，大肆活用這些記憶。

接下來，就讓我們一起來認識這些正確的方法吧。

Monoxer 股份有限公司　首席技術長（CTO）　畔柳 圭佑

超強記憶力訓練術

目次

● 序言 ● 為什麼要「記住」這麼難？……2

第 1 章 記憶力越好，人生越輕鬆！

1-1 ■ 查得到的話，還需要記嗎？……20

目次

第 2 章 「記憶」是什麼？

1-2 「理解比記憶更重要」是一種誤解 …… 26

1-3 靈感源於記憶 …… 30

1-4 記憶將會改變「個人世界」 …… 38

1-5 擅長記憶的孩子將占有優勢 …… 43

■專欄　論幼年時期的記憶力衰退 …… 50

2-1 數分鐘的「短期記憶」與更短的「感覺記憶」 …… 54

第 3 章 高效能的記憶方法

- 3-1 ■ 九成的人都沒有意識到的關鍵 ……… 88
- 3-2 ■ 步驟❶：決定記憶標的物 ……… 90
- 3-3 ■ 步驟❷：開始記憶 ……… 95

- 2-2 ■ 「長期記憶」分為兩種 ……… 62
- 2-3 ■ 人類是如何記憶的？ ……… 76
- 2-4 ■ 忘掉的記憶去了哪裡？ ……… 82
- ■專欄 如何忘掉想忘記的東西 ……… 85

目次

第4章 記憶的習慣

4-2 ■ 讓孩子變得善於記憶的五個方法 143

4-1 ■ 維護記憶的習慣 128

3-6 ■ 如何記住書中的內容？ 124

3-5 ■ 步驟❹：適時地回想 122

3-4 ■ 步驟❸：維持記憶狀態 115

第 5 章 讓記憶成為盟友的生活方式

- 5-1 記憶的黃金時段 …………… 156
- 5-2 提升記憶力的飲食 …………… 159
- 5-3 靠低強度運動來提升記憶力 …………… 162
- 5-4 「年紀大了記憶力就會衰退」是真的嗎？…………… 164
- 5-5 壓力對記憶的影響 …………… 175

目次

第 6 章 記憶工具能解決所有問題嗎!?

- 6-1 交給工具的任務以及只有人類能完成的任務 …… 178
- 6-2 提高閃卡效能的使用方法 …… 185
- 6-3 最新的記憶 APP 能辦到哪些事情？ …… 192
- 6-4 導入記憶工具後組織內所產生的驚人效果 …… 198

● 後記 使人生更加豐富的記憶術 …… 206

● 參考文獻 …… 208

第 1 章

記憶力越好，人生越輕鬆！

1-1 查得到的話，還需要記嗎？

「反正就算記不住，手機裡也查得到資料。」

對於電腦、手機等智慧裝置不離身的我們來說，會這麼想其實也無可厚非。

然而，事情真的有這麼簡單嗎？

● **仰仗科技而失去記憶力的現代人**

老實說，生活在當今的便利社會，非得記在腦海中不可的事正大幅減少。

舉例來說，在過去，記得親朋好友的電話號碼是一件理所當然的事。因為每年都必須親筆寫賀年卡的緣故，幾次過後，背下禮尚往來的對方住址，也是很自然而然的事。

20

第 1 章　記憶力越好，人生越輕鬆！

但近年的主流方式已經變成了將朋友、客戶、認識的人，所有的聯絡方式都儲存在電腦或者手機中管理。

不僅一查就會顯示結果，也不再需要手動輸入資料，只要複製貼上即可。不只便利，更提升了效率，亦減少錯誤發生。

就算有不知道的事情，上網也能輕鬆找到答案。

單字如此，人名與歷史事件也是如此，**不需要大費周章地詢問專家或查詢百科全書，只要上網搜尋立刻就能輕鬆得到差不多的答案。**

就連想不起來要查的東西叫什麼的時候，只要輸入相關的關鍵字，依然能得到想要的資料。

科技日新月異地不斷進步，有些人甚至預測 2030 年時 AI 將超越人類，或者將代替人類推動社會發展。

我認為，2030 年 AI 將取代人類的說法還太早了些，但可以確定的是，在不久的將來，AI 將從各個層面幫助人們獲得更舒適的生活。

21

今後，是不是只要仰仗日益便利的科技與ＡＩ，就算不用博聞強記也能生存下去呢？

之後即將成為大人的孩子們，是不是能靠著機器幫忙記憶就好，不再需要背任何的漢字、英語單字、數學算式與化學公式呢？

● 缺乏知識的基礎則無法活用科技

我認為，答案是「ＮＯ」。

原因在於，不管什麼樣的時代即將來臨，若缺乏基礎知識，也就是**如果沒有辦法透過記憶將知識內化為自己的東西，那麼就無法靈活運用資訊**。

就算透過搜尋功能查到了不認識的單字，也必須要有基礎的知識才能分析並利用手中的資訊。

舉例來說，若你想知道「ＤＸ」這個詞彙的意思，那麼想當然耳，你必須要先記住「ＤＸ」這個詞，因為若打不出或說不出這個詞彙，就沒有辦法進行搜尋。

22

第 1 章　記憶力越好，人生越輕鬆！

搜尋後，你便會得知這個詞原來是「digital transformation」的縮寫，以及其所代表的意義與具體使用範例。

然而，網路卻不一定能夠告訴你，如何將這個資訊運用在你的工作上。

搜尋功能雖可在一瞬間帶來極為大量的資訊，但若無法理解、活用並將知識內化為身體的一部分，那麼這些資訊也不過是浮光掠影罷了。

我想很多人應該都有類似的感觸。

◉ 學習熱潮驗證了記憶力的重要性

日本近年來的「學習熱潮」恰好驗證了這一點。

高中歷史參考書、針對社會人士的工具書以及涵蓋一般知識的書籍等，陸續登上暢銷排行榜。原因是大家想回顧學過了卻忘記的東西，或者是想加深學生時代學習過的知識。

當今除了能從網路上輕易地接觸到各類資訊,外國的事物也不再遙不可及,因眼界開拓而衍生出「求知慾」的人,或許也不在少數。

如果大部分的人都相信「反正隨時都能查得到,所以不需要記得」的話,那麼學習熱潮就沒有興起的理由。因為「就算記得了又怎樣呢?」

會「想要學習」的人,**或多或少應該都是認同必須將資訊儲存在腦海中並轉化為可運用知識的價值觀。**

在社會人士的學習排行榜上,最常見的項目之一便是「英文」。

現下學英文的方法很多,諸如線上英文教學等等。但首先,一定程度的詞彙量是必須的。日本成人的日文詞彙量據說是至少五萬個字。而英文呢?若是三千字左右,大概能達到母語者學齡前兒童的水準。

這樣的水準能進行什麼程度的英文對話呢?如果只是想出國旅行時買買東西,三千字大抵還受用。但如果想用英文進行更深入的對話,或者在商場上占有優勢的話,這樣的詞彙量是遠遠不足的。

第 1 章　記憶力越好，人生越輕鬆！

● 記憶力在 AI 時代更顯重要性

當然練習對話也非常重要，但詞彙量若無法同步擴增，很快就會迎來撞牆期。

我認為，正因為 AI 時代即將到來，人類記憶力的重要性方才與日俱增。

為什麼呢？因為變化的速度越快，本身所具備的知識與能力便更顯重要。新資訊的有用與否必須依靠自身判斷。在這瞬息萬變的時代中，若要等到大眾得出共識才能下得了結論，所謂的新資訊也早已腐朽而失去價值。不假手他人，能靠自身迅速做出判斷的人，方可在千變萬化的時代中成為佼佼者。

而欲快速做出精準判斷，便得要具備正確的知識。在往後的時代裡，這種能力將被賦予更重大的意義。

> ◎ Point
> 科技越是進步，「記憶力」的重要性就越是增加。

25

1-2 「理解比記憶更重要」是一種誤解

關於「記憶」，還有一項常見的謬誤。

那就是將「記憶」與「理解」，看作是完全不同的兩件事。

● 「理解」是「記憶」的組合

當我聽到「比起記憶，理解更加重要」時，會感覺對方好像是在說「在記憶與理解之間必須二選一（只能選擇其中一項）」。讓人覺得記憶與理解彷彿是兩種對立的概念。

但老實說，這並不是到底該選擇記憶還是理解的選邊站問題。**因為理解，實際上是透過記憶的組合而被實現。**

26

第 1 章　記憶力越好，人生越輕鬆！

十年多前，曾有一處日本歷史教科書上的異動引發了熱烈討論。那就是鎌倉幕府成立的年代。在此之前，許多人應該都是利用「創建好國鎌倉幕府」的日文諧音來記住其成立的年代。

然而，2006年起，教科書卻將鎌倉幕府的成立時間改為1185年。為什麼突然提早了七年呢？

讓我們來看看那兩年各發生了什麼事吧。

1192年，源賴朝被任命為征夷大將軍，但早在1185年，源氏便在壇之浦戰役中打敗敵對的平家，並獲得設置守護與地頭的權力❷。

❶「創建好國鎌倉幕府」的日文原文為「イイクニつくろう鎌倉幕府」，其中「好國（イイクニ）」與年份「1192」的日文發音相近，因而借用諧音記憶。

❷「守護」與「地頭」為鎌倉幕府直接指派至地方的行政管理職。

也就是說，因為源賴朝在1185年取得了管理地方的權限，所以重新將這個時間點視為鎌倉幕府成立的年代。隨著判斷鎌倉幕府成立的標準改變，相對應的歷史解釋也會有所不同。

若單純只是死背年份，而不去理解為何重大事件的年份遭到修改，那便會不小心陷入「如果之後又改變的話，現在努力背起來也沒什麼好處」的思維。

不只是歷史，數學等其他科目以及現正發生的各種社會事件都是相同道理。欲理解國與國之間的關係這類重大命題時，對於過去事件的記憶與理解，同樣是不可或缺的。

不僅僅是表象的事物，而是連同支撐事件的其他要素一併記住。透過記憶的不斷積累則又能加深理解。

有了豐富的知識，又具備對事物的理解，才能開始思考「今後將如何是好」。

要了解某項事物，或要進行思考時，記憶都是不可或缺的存在。

第 1 章　記憶力越好，人生越輕鬆！

模稜兩可的記憶無助於理解。鉅細靡遺、當用之時隨時可用的記憶，才是理解事物的必要關鍵。

◉ Point
鉅細靡遺的「記憶」，連結了「理解」。

1-3 靈感源於記憶

想創造出新的點子,所需要的也是記憶。

開始從商後,會不停地在各個場合聽到「創新(innovation)」這個單字。在日文中雖然翻譯為「技術革新」,但在這裡讓我們稍微將其意義延展為「之前從未出現過且孕育出新價值的點子」。

而這所謂的創新,若沒了記憶,也將無法被創造出來。

● **知識的連結無從預測**

「創新」此一概念是距今約一百年前,由經濟學家約瑟夫・熊彼得(Joseph Schumpeter)所提出,意指「使經濟得以發展之物」。

第 1 章　記憶力越好，人生越輕鬆！

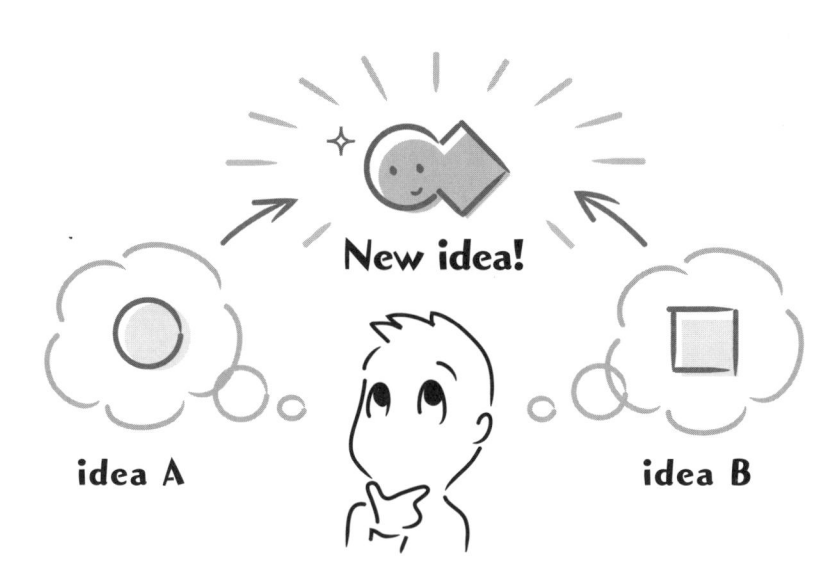

idea A　　New idea!　　idea B

我想特別強調的是，熊彼得把創新視為一種「新的結合」。藉由結合不同領域中原本就存在的元素，創造出某一嶄新的事物，這就是所謂的創新。

俗話說得好，「新的點子就是將舊的點子組裝起來」。

想當然耳，若沒有可以用來組合的知識基礎，那麼便不可能結合並創造出新的事物。

接著為大家介紹有關 iPhone 與 Mac 電腦（Macintosh）的創造者史帝夫・賈伯斯（Steve Jobs）的創新故事。

31

年輕時的賈伯斯雖然從大學休學，但仍會旁聽一些有興趣的課程。其中一堂就是書法課（calligraphy）。

英文的書法和中文的書法類似，是能描繪出字母與數字之美的一門技術。

十年過後，當賈伯斯在設計電腦時，意識到了螢幕上呈現出的文字之美所能帶來的影響。

現在我用來撰稿的這台電腦，也擁有能自由選擇文字字型、大小與裝飾的功能。而最先實現這項技術的就是賈伯斯。

今日看來理所當然的這項功能，在當時卻是劃時代的存在。賈伯斯將書法的知識與電腦結合，孕育出一項創新之舉。

之後，賈伯斯在祝賀史丹佛大學畢業生的演講中也提到：「**在大學上書法課的時候，我從沒想過有一天，它會啟發我創造出與眾不同的電腦產品。**」

這則故事即是連結了一開始看似沒有關係的點與點，作為「Connecting the dots」的案例，在世界各處廣為流傳。

第 1 章　記憶力越好，人生越輕鬆！

就算志在發想出革命性的點子，卻無法提前得知需要為此準備哪方面的記憶。這或許正是創新最重要的課題。

也因此我們更應該在腦中儲存從小細節到大事情的各種記憶。飽含豐富知識，在關鍵時刻能取而用之的，才是創新點子的擁有者。

還有一項不能忘記的事實就是，判斷自己的點子是否為「前所未有的創意」亦須仰仗記憶。

越受人關注的領域，相對地也會有更多人思考著：「有沒有什麼新的事情能做？」你結合了自己的見識與技術所產出的創意，有可能其實極為普通且早

已存在，又或者很快便有其他人也產生相似構思並追隨在後。

書法雖然不是只有賈伯斯才知道的獨門絕學，卻是與電腦世界相去甚遠的領域。正因為習得了這方面的知識，他才能結合截然不同領域的點子，進而帶起巨大的創新。

自身的經驗或者記憶拆開來看也許皆無特殊之處，但若能立即判斷將它們結合後是否會成為獨一無二之物，或創造出前所未有的價值，那麼創新就近在咫尺。以賈伯斯為例，若他不能及早意識到「世界上還沒有任何電腦能夠改變文字的樣式」，那麼實現這個靈感所能帶來的收益必定會大受影響。實現的速度越慢，就越可能會有其他人想到相同的點子並搶先一步。

對於創新程度的靈敏度，亦有賴於記憶的累積。

第1章　記憶力越好，人生越輕鬆！

◉ 我的點與點連結

接著來介紹我開發 Monoxer 這款 APP（手機應用程式）時的故事吧。剛開始是當時的一位老朋友（後來的共同創業夥伴）隨口問了我一句：「我們要不要來開發一款更好用的單字 APP？」

之後我所做的第一件事，就是研究為什麼市面上有這麼多背單字的 APP，而大家又為什麼要使用這些東西呢？說穿了使用單字 APP，就是為了要幫助記憶。自此，我開始大量閱讀與記憶相關的論文。

接下來，我開始思考如何透過應用程式來提供最有效率的記憶方法。此時，我想起了上一份工作的經驗。

創業之前，我在谷歌從事鍵盤軟體開發的工作。我負責開發的功能是依據用戶的使用方式，預測他接下來將輸入的文字並提供輔助。

我會分析用戶在輸入句子時，使用何種單字、以何種順序、與其他何種單字併

用等數據，並根據整理出的結果，優先顯示用戶較常使用的單字，或者在輸入錯誤時給予修正提示。

這類輔助打字的軟體，多半是參考公開文檔並分析單字的使用方式，以此為基礎進行開發。

然而，隨著智慧型手機與我們的生活更加密不可分，用戶的類別、使用情境以及語言都變得更加多樣化，因此需要能夠更貼合用戶使用方式的鍵盤。

這時候，我們決定不再將所有用戶的使用數據集中於一處管理，而是直接在個別用戶端進行管理與更新。最終，我們成功開發出一款鍵盤：無論何種語言，都能馬上配合不同的用戶提供最佳體驗，且使用的時間越長，鍵盤就越能依據用戶的使用習慣來運行。

鍵盤軟體開發與單字 APP 看似毫無關聯，但前者在我處理 APP 不同使用者間擅長的記憶與現存記憶等「記憶」問題時，卻幫了我大忙。

有關記憶的機制在第 2 章會有詳細說明，Monoxer 基本上就是透過預測使用

36

第1章 記憶力越好，人生越輕鬆！

者會忘記的部分，在適當的時間點出題考問以維持使用者的記憶，幫助使用者有效率地把單字背起來。我將**先前工作中處理過的問題**，也就是不同用戶間習慣使用的**單字差異，與後來APP中不同使用者間的記憶內容差異，做了點與點的連結**。

此外，我也活用了之前的經驗，選擇不將數據集中處理，而是在個別用戶端上更新。同樣地，使用Monoxer的時間越長，就越能針對使用者的記憶情形來出題。

如果不是注重個別使用者的數據，找出能讓使用者更方便運用的方法，我或許就無法跳脫傳統單字軟體或問答遊戲那種「出題計分，並將使用者的答案集中起來統一管理」的思維。

若非著眼於記憶當中的細節要素，我想我也沒有辦法開發出這款APP。

⊙ Point
只有能廣為「記憶」的人，才能孕育出好點子。

1-4 記憶將會改變「個人世界」

記憶力變強的話,眼睛所看見的世界也會跟著改變。以下將一一說明。

● **變得更加鮮明的視野**

有了特定記憶後,日常生活中接觸到與該記憶有關的事物時,便能更輕易地察覺。如此一來,隨著所學知識的增加,周邊世界的解析度也將變得更加清晰。

舉例來說,你最近剛認識了一種新的蔬菜——寶塔花椰菜。在這之後你發現,原來不只常去的超市有販售寶塔花椰菜,看起來很好吃的義大利餐廳菜單上竟然也出現了寶塔花椰菜的名字。明明遇見寶塔花椰菜的機率一

38

第 1 章　記憶力越好，人生越輕鬆！

直以來都是大致相同的，但在此之前，你卻從來沒有注意過它的存在。那是因為，當時你還不記得這個詞，沒有能感應到寶塔花椰菜的雷達，也就無法掌握住相關的訊息。

實際體驗過這種變化的人，我想應該不在少數。

記憶增加後，會發現日常生活中，與既有記憶相關的事物其實大量存在。你開始意識到之前從未意識到的事物。也就是說，**世界看起來變得更加鮮明了**，此應非所言過甚。

再舉幾個其他的例子。降雪較多的

地區，會細分出許多與雪有關的詞彙，但非降雪地區則無此現象。同樣地，因為知識的增加，對於世界的認知精密度也會隨之提高。即便是乍看相似的事物，也能進一步細分，而知道得越多，想更加了解世間萬物的心情也將油然而生。

● **拓展娛樂範圍**

當記憶一事不再令人感到痛苦，娛樂範疇也將進一步擴展開來。因為**複雜的娛樂也會開始變得有趣了**。

最簡單的例子就是，在觀看歷史劇等登場人物眾多的電影時，如果不認識登場角色，不斷想著：「咦？這是誰呀？」便無法專注於故事本身，也無法純粹地享受影片內容。

就算是同一部電影，是否具備足夠的背景知識，也會影響到理解程度與觀影的感受。

2020年時，我去看了相當賣座的《鬼滅之刃》，看電影前我先讀過漫畫，預習了登場人物與故事背景，使得觀影體驗大大提升。

欣賞繪畫或者音樂等文化內容時也是相同道理。

● **更加暢行無阻的溝通**

記憶也能在與人溝通的順暢度上發揮效果。

因為記不住客戶的臉或名字而感到困擾的商業人士，實際上比想像中還要多。特別是從事外勤業務等，與不認識的人接觸頻率較高的職務，經常為此苦

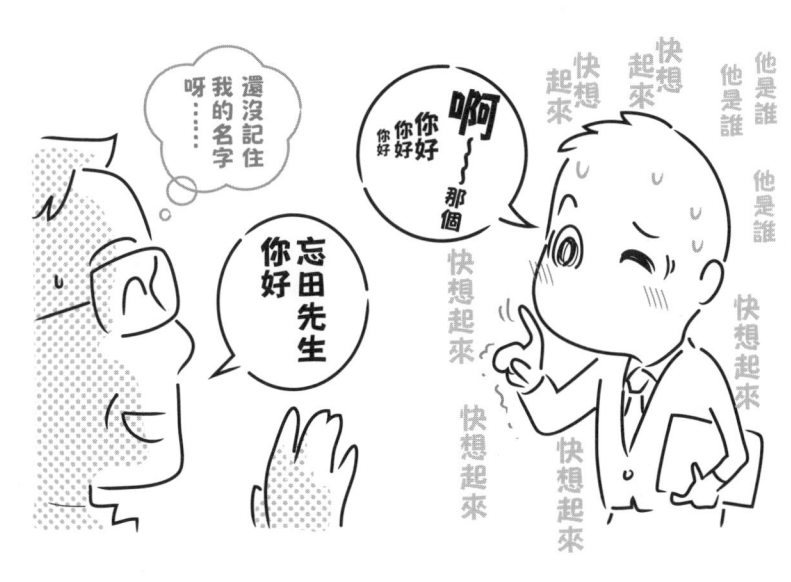

惱。我想，甚至也有人會實際將交換名片時對方的特徵與對話內容都記錄下來。

據說在對話時，若能稱呼對方的名字，好感度便會上升。遇到許久未見的人時，若還要思考：「咦？這個人叫什麼名字啊？」那麼便會錯失與對方建立良好關係的機會。

此外，閒聊一事對於圓滑的人際關係也實屬重要。

先前已經說過學習熱潮正是人們認知到記憶重要性的證據。而透過記憶加深的知識，又將成為與他人閒聊時的談資。

這麼看來，記憶是解決人際關係問題時亦能派上用場的技巧。

◉ Point
記憶擁有改變「個人世界」的影響力。

42

1-5 擅長記憶的孩子將占有優勢

我們聊了很多擅長記憶可以帶來的好處,而幼年時期又是好處最多的時候。

因為擅長記憶的孩子將享有很多優勢。

幼年時期顯而易見的記憶成效

記憶的成效在幼年時期最為顯而易見。

也就是說,這個時期記憶的動機將更容易被增強。

成為社會人士後,人們常會有「就算記得了,也派不上用場」的想法,但實際上,卻又不得不繼續各種記憶活動,可說是非常辛苦。

相對而言,孩童因為有學校的考試,自然多了許多展示記憶的機會;透過考

試，在短時間內確認自己記憶的成效，並與喜悅的心情做連結，**使孩童更能切身感受到記憶的意義。**

舉例來說，小學各階段所必須學習的漢字都是固定的，每個人都不得不逐一記住。而且不是「模稜兩可」，是必須精準地記住鉤、捺等筆畫以及點的位置等等。為此感到壓力的孩童想必不在少數。

然而，我們也可以讓考試變成一件有益的事。

如果下週要考二十個漢字，即便略感壓力，但要是能把漢字通通記住，就能在考試時取得好成績。

此外，從這類單純微小的事例上，也更容易看出記憶的成效。

隨著年級上升，學習內容不斷積累，此時若想將成績從後段提升到前段，就得要花費更多的時間。越是低年級，需要記憶的東西就越少，因此更能輕易地靠少量的記憶在考試上取得好成績。

第 1 章　記憶力越好，人生越輕鬆！

除此之外，**年齡越小，能單純記住毫無關連性的各種事物的能力就越強**。孩童有如海綿一般的吸收力，除了能記住大人所說的各種詞彙外，有時也會看到能將繪本內提及的電車、恐龍等背得滾瓜爛熟的電車、恐龍小博士。

隨著年齡的增長，人們開始能夠將想要記住的東西自行解釋並且加以組織，以方便記憶。

然而，**純粹的記憶力會隨著年齡的增長而降低**，因此孩童更能不費吹灰之力地記住完全沒接觸過的東西。

另外，相較於大人，孩童也可以更加自由地使用想花在記憶上的時間。成為大人後，有工作、有人際關係、有家庭負擔等等，無時無刻都是時間與精力的競賽。孩童卻不同，他們的生活重心是記憶與學習，比起大人要簡單得多。由此可見，孩童確實更能輕易地展現出記憶所帶來的成效。

● 學習動機向上提升

記得的東西越多，就越能展現出顯而易見的成效，如此一來，也將再進一步地提升學習動機。

我在開發 Monoxer 的時候，曾聽取過兒童使用者的意見，當時有個孩子是這麼告訴我的：

「以前就算念書也考不了好成績，覺得念書好討厭。但自從能正確地把東西背起來以後，**記得越多分數就越高，便開始有了繼續念書的動力。**」

透過學習，孩童會有更多機會接觸到上課或考試時記住的內容，展示學習成果後所得到的成功體驗不斷積累，就能戰勝記憶的苦痛，並使學習動力增加。

● 記得越多，學習效率就越快

一旦記憶這件事開始變得輕鬆，就能開啟一個好的循環。因為記得的東西越多，記其他東西的速度就越快，學習效率因而上升。

這是人類大腦的構造使然，**可以讓與既有記憶相關的事物更快速地被置入。**孩童的大腦也是如此，注意力更容易趨向與既有記憶相關的事物，這些事物也更容易被記住。此外，年齡越小，腦中累積的記憶量雖然較少，但在聯想時記憶卻也會因此更加清晰。

在記憶基底尚淺，新鮮事物尚多的幼年時期，讓孩童盡量學習有興趣的事物，對將來有偌大影響。

有些人認為「**教育是最有效率的投資**」，不過對我而言，記憶才是最有效率的投資。

精確記憶助使考試高分，高分又推升自主學習意願⋯⋯若能建立此一循環，投資報酬率不可謂不高。

● 增加自我認同

孩童的世界比起大人的，要更狹窄得多。

對於每天往返學校、家庭以及其他學習場所的孩子們來說，**家庭、學校與這些學習場所，多半就是他們的全世界。**

正因如此，在家裡如何被看待、在學校如何被評價、學習表現如何等，對孩子們來說都是足以動搖人生的重大根本。

成為大人後，活動範圍更廣，也見識過更多樣化的價值觀，或許會很自然地意識到孩童時期的世界不過是人生的一小部分，但對孩子們而言，這個概念卻是非常困難的。

雖然這也是必須留意的事實，不過若能轉換一下想法，其實透過學校或學習所得到的正面評價，將有助於孩童的自我認同提升。

48

第 1 章　記憶力越好，人生越輕鬆！

如前所述，記憶有助於理解，並能成為學習的動機與提升學習效率。變得擅長記憶因而有了自信。如此一來，生活也能更加輕鬆。我希望每個孩子都能享受到這種體驗。

◉ Point

正因為年紀尚小，才更應該投資記憶。

■ 專欄

論幼年時期的記憶力衰退

「明明小時候像神童一樣什麼都能記住，上了小學、中學以後，反而開始什麼都背不起來。」我曾聽過父母如此感嘆地說道。和小時候相比，到底是什麼改變了呢？

我認為，這個現象與興趣範圍以及學習範圍密切相關。

原本，一個人的興趣應該是無窮的。假設小時候對電車感興趣，那麼把電車書籍上所記載的車種與引擎型號通通背起來都不是問題。

學習亦然。原本學習的範圍應該是無窮的。

然而，學校的教育課程卻限縮了範圍，劃定「小學三年級教科書的內容到此為止」。超過此範圍的內容不會出現在教科書中，彷彿隱形了一般。

第 1 章　記憶力越好，人生越輕鬆！

孩子興致勃勃真正想學習的內容必須等到下一個年級才能繼續，因為教科書上的下一個單元又是不一樣的內容。

小時候能盡情吸收與興趣相關知識的孩子，如今卻被裝上了煞車。

如此思考過後，希望孩子能繼續保有過往記憶力的父母應當怎麼做，恐怕已是不言而喻。

那就是給予孩子能盡情沉浸在興趣當中的環境。然而實際上，孩子越長大越不得不為了考試而念書，與純粹發展興趣間產生了矛盾。

「雖然想讓孩子盡情追求興趣，但實際上卻做不到」，這或許就是為人父母的兩難吧。

51

第2章

「記憶」是什麼?

2-1 數分鐘的「短期記憶」與更短的「感覺記憶」

人類是如何把東西記起來的呢？

根據最新的研究，雖然不能說百分之百，但人們已經在某種程度上了解了記憶的機制。

不過就算掌握了這套機制，也不可能在記憶之時有意識地遵循每個步驟，而且在生存上也沒有必要這麼做。

只是若能藉此了解自己為什麼總是記不住東西，也不失為一大助益。

在說明人是如何記憶以前，首先必須解釋「記憶到底是什麼」。

第 2 章　「記憶」是什麼？

記憶

- 感覺記憶
- 短期記憶
- 長期記憶
  - 可言傳的記憶
    - 情節記憶 (episodic memory)
    - 語義記憶 (semantic memory)
  - 不可言傳的記憶
    - 程序記憶 (procedural memory)
    - 條件反射 (conditioning)
    - 非連結學習 (non-associative learning)
    - 促發效應 (priming effect)

一秒就會忘記的「感覺記憶」

記憶如同大家所知道的，是儲存在人的大腦裡。

依據時間的作用將記憶分為「短期記憶」與「長期記憶」，是一般較廣為人知的分類方法，除此之外，還有比短期記憶更短的「感覺記憶」。

感覺記憶指的是，某一訊息輸入至大腦的感覺，此記憶存在的時間可能為一秒、兩秒或甚至更短。不若辨識明確對象時需要較長時間，感覺記憶僅是大腦為了做出判斷而在轉瞬即逝的時間內儲存的記憶。

具體來說，在極短的時間內將視覺、聽覺、嗅覺、味覺、觸覺等五感訊息暫存在大腦，即是感覺記憶。

例如，在書店內找書而望向書架時，我們會將每本書的標題暫存一瞬間，當判斷出這些並不是自己要找的書時，便會馬上將其從記憶中刪除。

56

第 2 章　「記憶」是什麼？

在街上走路時，我們會注意路人當中是否有認識的臉孔，如果沒有的話，這些擦肩而過的臉孔便會很快消失在記憶中。在一瞬間，瞥見的人臉被暫存為感覺記憶，並很快地被遺忘。

因為新的訊息不斷輸入，舊的則不斷被刪去，所以我們通常不會意識到感覺記憶的存在。

此外，感覺記憶是為了判斷眼前的資訊是否有其必要性，因此在網路行銷領域中，如何使感覺記憶做出「這是必要資訊」的判斷，就被認為是十分重要的策略。

● 可以控制的短期記憶

比感覺記憶的時間稍微長一點的，是短期記憶。

短期記憶的持續時間通常為數秒鐘到數分鐘，可處理的訊息量雖然依據不同學說是落在3～9個之間，但一般認定為「7±2」個。

在短期記憶中所處理的訊息，可以被劃分為數個單位，專有量詞為「組塊（chunk）❸」。

舉例來說，若將英文的星期一分為「M」、「O」、「N」、「D」、「A」、「Y」來記憶，即為六個組塊；若將之視為「Monday」，則是一個組塊。如果將日本手機號碼090以下的八位數一個一個分開來記，會有八個組塊；若用諧音以每四個數字為一組背起來，則會變成兩個組塊。

❸ 或稱為「團塊」。

❹ 在日文中，2525常以諧音「ニコニコ」來記憶，即「微笑」之意；5963的諧音則為「ごくろーさん」，意即「辛苦你了」。

第 2 章　「記憶」是什麼？

「組塊」=訊息的群組

以**英語單字**為例：

以 Ⓜ Ⓞ Ⓝ Ⓓ Ⓐ Ⓨ 的形式來記憶
　　　　　　　　　　　　　＝6個組塊

以 Monday 的形式來記憶 ＝1個組塊

以**電話號碼**為例：

090-2525-5963＝8個組塊

　　　　微笑微笑　　辛苦你了
090-2525-5963＝2個組塊

短期記憶可處理的訊息量為
3～9個組塊！

短期記憶可處理的訊息量也會依據經驗而有所改變。

例如，若是現在要你記住書的泰文「หนังสือ」，應該是蠻困難的。熟悉泰文的人可以將整個單字作為一個組塊來記憶，但大多數不知曉泰文的人，卻必須將每個符號各作為一個組塊分開來處理。如此一來，就算單字內只有五個符號，也很容易就會超過短期記憶可處理的量能。

那如果是書的非洲史瓦希利語「kitabu」呢？

比起泰文應該能夠多記得一陣子吧。雖說同樣是沒看過的單字，但因為會背羅馬拼音的人很多，所以至少能將其分為「ki-ta-bu」三個組塊來記憶。

短期記憶最大的特徵，就是能透過意識來控制。

舉例來說，如果想把1、2、9、8這四個數字背起來，只要在腦海中重複好幾次1298、1298、1298，就能有目的性地將資訊儲存為短期記憶。相反地，若將意識或注意力集中到其他地方，資訊也能輕易地從短期記憶中被刪除。

60

第 2 章 「記憶」是什麼？

長期記憶若能像短期記憶一樣被操縱，那麼記憶就不再是件苦差事了，只可惜事與願違。

因為人們無法長久不斷想著想記住的東西，所以記憶某事的一大要點便是，如何將作為短期記憶儲存的訊息轉化為長期記憶，使其在當用之時可被取而用之。

◉ Point

先輸入為短期記憶，再轉化為長期記憶。

2-2 「長期記憶」分為兩種

長期記憶可維持數日、數月或甚至一生。

自己的名字以及小時候居住地的住址或外觀等等，有各式各樣的記憶被作為長期記憶保存著。這之中也有一些是我們會暫時忘掉，但當誰說了什麼的時候又會突然想起來的記憶。

長期記憶根據性質又能區分為兩種。

● 「可言傳的記憶」與「不可言傳的記憶」

首先，可大致分類為「可言傳的記憶（稱為陳述記憶）」以及「不可言傳的記憶（又稱為非陳述記憶[5]）」。

[5] 亦稱為內隱記憶。

第 2 章 「記憶」是什麼？

「可言傳的記憶」當中，有一種為「情節記憶」。

其指**個人經驗或者所為之事的相關記憶**。小學畢業典禮或遠足等特殊活動、早上起床到上班打卡前所做的事、電車裡的畫面等等，這些都是情節記憶。該記憶作為一部分的情節，以影像的方式呈現在腦海當中，並且可以透過言語表現出來。

另一種「可言傳的記憶」則是「語義記憶」。此即為與知識相對應的部分，和一般提到「記憶」時所浮現的印象最為接近。

諸如語言本身的意義（概念）、感知對象的意義、對象間的關係以及社會規範，各式各樣的事物與其相關性等記憶，皆屬於語義記憶的一環。

舉例來說，「蘋果的英文是 apple」、「蘋果是紅色的」、「也有綠色的青蘋果」、「雖然叫青蘋果，但其實它是綠色的」等等，都可以歸類為語義記憶。

任何人都擁有一定程度的語義記憶，即是「可言傳的記憶」極為重要的特色。相較之下，「不可言傳的記憶」雖因無法用言語表達而較難意識到，但卻在生存上扮演著不容忽視的角色。

「不可言傳的記憶」可分為下列四種，讓我們逐一說明。

● 程序記憶
● 促發效應
● 條件反射
● 非連結學習

◉ 以動作為目的的「程序記憶」

「不可言傳的記憶」當中最具代表性的就是「程序記憶」。程序記憶是有關動作的記憶。

64

走路、投球、騎腳踏車、開車等動作皆屬之；此外，對於習慣電腦打字的人來說，打字也是一種程序記憶。

程序記憶是「不可言傳的記憶」，因此就算不以語言描述也能完成該動作，便是其最大特徵。

當有人對你說「請拍手」的時候，你馬上就能完成拍手的動作，但卻無法用語言說明你是如何辦到的。投球時也一樣，不但不可能一一述說自己所做的動作，更不可能意識到每一個微小的動作。這都是因為程序記憶屬於「不可言傳的記憶」。

有趣的是，**一開始透過語言學習而來的動作，最後卻變成無須語言也能流暢地完成。**

以開車為例子。在駕訓班時會從踩油門、換檔、踩剎車等動作開始一一學習，並且一邊想著該做什麼，一邊練習開車。最初由於不熟悉油門，可能會不小心踩太大力而急煞車。此外，轉彎時，也必須在心裡想著要打方向燈，一邊確認四周，一邊慢慢地踩著油門前進並轉動方向盤……全神貫注地駕駛著。

然而，經過無數次的練習並熟悉駕駛後，你開始變得不用思考也能流暢地完成動作。從速度到剎車力道都能精準掌握絕不壓線，左右轉彎時也能同時注意周遭安全，並在適當時機優雅轉彎。

一開始以語義記憶存在的「開車方法」，透過邊複習邊練習的過程逐漸轉化為程序記憶，使得動作變得越來越流暢。

英語等語言學習也是如出一轍。

「蘋果是 apple」等單字的意思、「主詞後面要加謂語，謂語後面要加受詞」等語順及文法，一開始都是透過學習新知的方式進入腦中，經過反覆的練習後，才能變成動作並附著在記憶當中。你開始不用思考「主詞是 He，所以要用 has」，就能自然地選用正確的單字。

塑造實用記憶的重要關鍵，就是將原本屬於概念的記憶變成無須思考也能完成的動作。

強大的「促發效應」

一般無法意識到的記憶則稱為「促發效應」。

促發效應指的是，因先前所受的刺激而影響了後續的訊息處理。

如果現在有人對你說「請想著蘋果」，接著又說「然後請想一種紫色的東西」，絕大多數人便會自然地想到葡萄，但明明牽牛花跟茄子等也都是紫色的。這是因為早先已經有了蘋果的刺激，使得聯想範圍被限定為水果。

如同上述的例子，藉由先前所

後續的發想　　先前所受的影響

水果　甜　蘋果
無意識地受到影響
紅色　蘋果

紫色的東西

蘋果

促發效應

受的刺激,控制受試者無意識地聯想起另一種事物,這就是所謂的促發效應。

大家能不能讀懂下面的文章呢?

◎中文

嗨,好你們嗎?我很好。這篇章文是據根英國橋劍大學的一項究研所寫撰而成的 人類在讀閱時 只要初最和最後的母字無誤 就算亂打序順也能讀閱無礙 因此我們意刻換調了字文順序。怎麼樣?你能懂讀嗎?

(出處:矽谷地方報)

裡不太對勁。

其實若將每個語句拆開來看,馬上就能發現問題,例如「嗨,好你們嗎?」這句話雖然開頭與結尾的文字無誤,但中間的文字順序卻被錯置。我們仍能閱讀的原

有些人應該能夠完整流暢地閱讀到最後,有些人則可能在閱讀途中,察覺到哪

68

第 2 章 「記憶」是什麼？

因在於，該語句最初與最後的文字刺激對於辨識語句有著明顯的影響。儘管我們定睛一看便能察覺有異，但若只是快速瀏覽，則又能像正常文章一樣閱讀無礙。

讓我們來看看相同的英文範例。

◎ 英文

Aoccdrnig to a rscheearch at an Elingsh uinervtisy, it deosn't mttaer in waht oredr the ltteers in a wrod are, the olny iprmoetnt tihng is taht frist and lsat ltteer is at the rghit pclae. The rset can be a toatl mses and you can sitll raed it wouthit porbelm. Tihs is bcuseae we do not raed ervey lteter by it slef but the wrod as a wlohe.

（出處：University of Cambridge）

如何？讀中文時未察覺異樣，但閱讀英文時馬上發現拼錯字的人，就是因為對英文還不夠熟悉，使得促發效應難以發揮作用。

相反地，以英文為母語的人就可能不會發現錯誤。就像中文高手讀中文範例時未察覺異樣，對英文瞭若指掌的人也較難察覺英文範例中的錯誤。

我們可以從這三範例中發現，**依據記憶在每個人大腦中的深刻程度，對周圍世界的認知也會產生巨大差異。**

以下是針對促發效應的時效長度，及何種條件能使其高度維持所進行的實驗。

Evidence

實驗中，研究人員會向受試者展示一系列單字，每個單字停留五秒，一個鐘頭以及一週過後，受試者會分別接受「單字指認」以及「單字填空」的測試。

單字指認的考試方法為，詢問受試者某一單字是否為之前曾出現過的詞彙；單字填空的考試方法則為，有些單字的部分字母會留空，要求受試者在空白處填入字母以完成單字。

因考試內容不同，考試分數想當然耳也不盡相同，然而隨著時間流逝，兩份考試的結果竟也出現了不同的變化。單字指認的正確率在一個小時後約為55％，但在一週後卻只剩下不到一半的25％；相對之下，單字填空的正確率在一週過後，幾乎沒有改變。

促發效應中較先出現的刺激稱為「引子（primer）」。在此實驗當中，一開始受試者所看到的各個單字便是引子。

從單字填空考試就能看出，作為引子的單字在一週後仍然發揮效果。相對而言，單字指認的記憶卻隨著時間越來越稀薄。由此便能真實感受到，促發效應在填空考試中所發揮的強大效果。

也許有些人會認為，填空考試分數較高的原因在於試卷當中有提示，無論是否有事前記憶都能夠回答得出來；然而，若對實驗中未出現的單字進行填空，其正確率卻明顯低下。

其他實驗結果更顯示，即便過了一年，只看過數秒鐘的刺激依然能夠發揮效力。促發效應就是如此深遠地影響著人類的生活與認知。**即便本人毫無意識，過去記憶的影響力仍持續存在。**

● **與訊息連結的「條件反射」**

「不可言傳的記憶」當中，還有「條件反射」。

而條件反射最有名的例子則為「巴夫洛夫的狗」。

在巴夫洛夫的狗的實驗中，操作者會先讓犬隻聽到搖鈴聲後再給予食物，反覆操作多次後，當狗聽到鈴聲，便會分泌唾液。

「搖鈴」與「給予食物」兩種原本獨立的事件，因為反覆同時發生，使得記憶當中的搖鈴聲與食物之間產生了連結。

當條件反射尚未成立前，若犬隻沒有實際看到食物、聞到食物，則不會分泌唾液；但當搖鈴聲與食物之間的條件反射成立，只要聽到鈴聲，犬隻就會分泌唾液。

72

第 2 章　「記憶」是什麼？

這和人們「想著酸梅」時，會自然地分泌唾液是相同的原理。若過去沒有食用酸梅的經驗，即便聽到「酸梅」一詞也不會有任何反應；但若是曾食用並體驗過酸梅的酸味，那麼當人們聽到「酸梅」一詞時便會分泌唾液。這也是條件反射的一個例子。

● 刺激疲乏的「非連結學習」

當大腦對刺激感到疲乏，使其相對應的感受發生改變，即為「非連結學習」。例如，在安靜的早晨突然聽到鬧鐘的聲音，我們便會驚醒；然而，若在短時間內，反覆聽到鬧鐘聲，則會開始習慣該聲響。也就是，**對於刺激的感受發生了變化**。

長期記憶雖然如前所述有數種分類，但在記憶之際這些分類並非完全獨立存在。大多數情況下，會是一種以上的記憶彼此結合在一起。

73

在背英文單字的時候，除了單字本身的訊息之外，記憶當下的情境、記憶的目的等其他要素，也會一併被輸入到記憶當中。

假設你最一開始是在某本書上看到 apple 這個單字，那麼當你回想起 apple 的意思時，大腦中便會浮現那本書中的那一頁，並想起上頭畫著的蘋果圖案，「啊！是蘋果」。重複這樣的操作數次後，記憶當下的情境等不必要的資訊便會自然脫落，最後只留下「apple

＝蘋果」的重要訊息，並以語義記憶的形式保存在大腦當中。

若能像這樣活用記憶的特性，就能更加有效率地完成記憶的任務。當有想要背誦的單字時，嘗試結合記憶當下的情境、記憶當下的目的等要素並反覆練習，即可大大幫助單字附著在記憶當中。

◉ Point
知曉何為記憶，方能掌握記憶之術。

2-3 人類是如何記憶的？

介紹完記憶的種類，接著讓我們來解開大腦是如何記憶事物的謎團吧。

● **電腦還遠遠比不上人腦**

人腦是由上千億個被稱為神經元的神經細胞所共同組成的。神經元間互相結合的部位稱為「突觸（synapse）」。人腦內約含有150兆個突觸，並藉由這些突觸形成神經網絡。

大腦藉由改變突觸，使腦內的網絡結構產生變化，經此儲存訊息。這就是記憶形成的機制。

第 2 章 「記憶」是什麼？

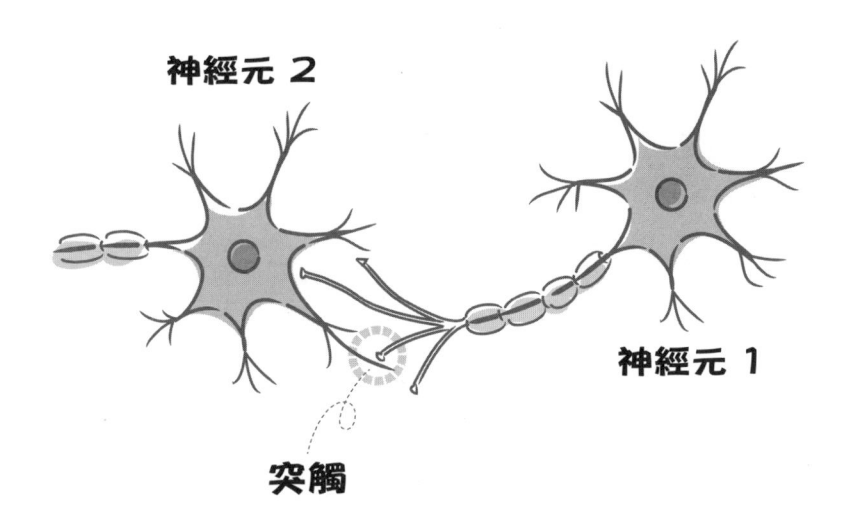

神經元 2

神經元 1

突觸

突觸的變化可分為兩種，第一種為產生新的突觸或消去現有突觸，第二種則是改變突觸的易傳達性。

第一種藉由改變突觸數量形塑大腦結構的變化，僅發生在小學低年級以前，而後則主要以調整突觸訊號傳達力的方式來控制神經網絡。

兩種方法皆是透過改變神經網絡，使大腦記住或忘掉某些東西。

所謂的記憶，便是大腦透過龐大數量的神經元突觸互相連結、形成網絡，並將訊息儲存其中。

雖然可能有點不易理解，但以電腦來做比喻，如果CPU是電腦的大腦，那麼CPU中用來控制訊號傳達的重要零件——電晶體（transistor），就等同於人腦中的神經元。

高效能的CPU晶片上含有數十億個電晶體，每個電晶體都像一個開關，透過計算保存訊息。現今已有電晶體數量相當於人腦神經元數量的CPU。知名的超級電腦「富岳」，就是使用過人腦神經元數量的上千兆個電晶體來進行運算。然而，超級電腦雖可高速進行各種運算，但許多方面卻仍不及人腦。CPU的訊號僅有0與1的差別，而神經元卻能處理更加複雜的訊息。神經元不單能表現0與1，也能表現「略為易於傳達的狀態」這樣的中間值。

● **短期記憶與長期記憶不應混為一談**

在迄今為止的研究中，已大致掌握了記憶的獲取機制，特別是「可言傳的記憶」。在獲取「可言傳的記憶」時，位於大腦深處的海馬迴可說是扮演著至關重要的角色。

78

第 2 章 「記憶」是什麼？

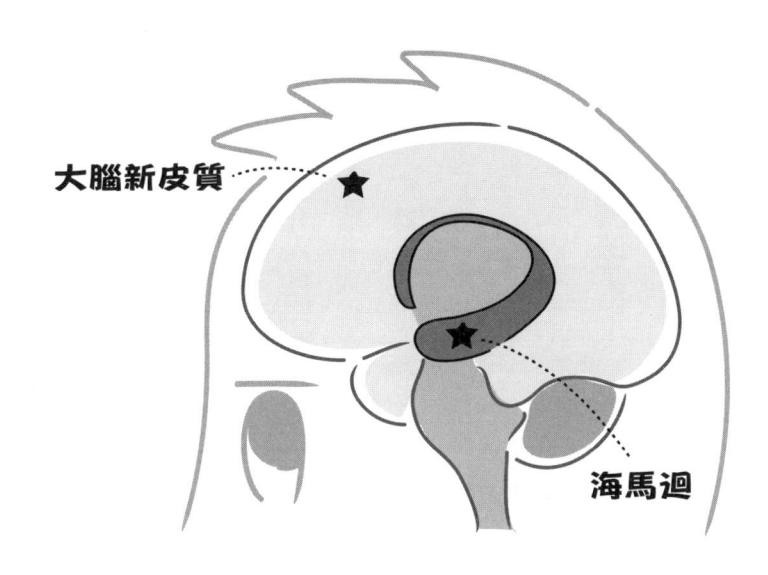

大腦新皮質

海馬迴

以往認為，新的訊息會暫存在海馬迴，而海馬迴會判斷該訊息是否應轉化為長期記憶並加以分類，最終再將訊息送至大腦新皮質儲存。

不過最近也出現了新的論述，認為資訊在進入大腦後，會馬上被送到海馬迴與新皮質，其中新皮質的功能為儲存訊息，而海馬迴則與回想較有關連。

實情如何尚待更多研究揭曉，**但海馬迴在獲取長期記憶方面扮演重要角色**的論點，應當無庸置疑。

過去科學家曾觀察一名為了治療癲癇而摘除海馬迴的患者「H・M」，藉此進一步瞭解了記憶的機制。

79

Evidence

患者H‧M於1953年，也就是27歲時，被切除了部分大腦。當研究人員請他記住若干位數的數字時，H‧M亦能維持記憶數分鐘餘，顯示他在短期記憶方面沒有問題。

然而，研究人員卻發現他無法保持長期記憶，甚至完全不記得每天與他見面的護理師與研究人員們。

此外，隨著歲月更迭，H‧M開始無法辨識出鏡中的自己。因為他只記得自己年輕時的臉，對歷經滄桑的自己毫無印象。

有趣的是，H‧M仍有能力學習新的技能，例如僅透過鏡像反射完成圖案的繪製❻。由此可見，患者在程序記憶方面也沒有問題。雖因為無法形成情節記憶，所以不記得自己練習過的事情，但習得的技術卻不受影響。這應該是連本人都感到非常不可思議的事吧。

第 2 章 「記憶」是什麼？

由此案例可見，短期記憶與長期記憶是由完全不同的大腦部位進行處理。最重要的一點是，我們了解到**短期記憶並不會自動轉化為長期記憶**。如果打開單字本，只是重複按照順序將每個單字念過一次，不做其他任何努力，那麼也不過是不斷刪除並替換腦中的短期記憶罷了。若無法意識到這點，無論花費多少時間，終究無法將想記住的事物真正轉化為長期記憶。所以到底該怎麼做呢？具體方法將在第 3 章娓娓道來。

◉ Point

欲將短期記憶轉化為長期記憶，還需要下點功夫。

6 受試者的雙眼無法看見自己的雙手，只能看見鏡中的反射，並被要求在規定的兩條線內描繪出一個星形。這是一項操作頗為困難，需要練習才能準確完成的動作。

2-4 忘掉的記憶去了哪裡？

在記憶的架構中，還有一項與如何記住新事物同等重要的問題，就是「遺忘」。曾經記住的東西卻怎麼也想不起來。這是因為記憶消失了？或者只是想不起來罷了？

根據目前的研究，很遺憾的是，記憶本身完全消失的狀況被認為是存在的。但另一方面，研究結果也證實，單純只是想不起來的狀況仍然居多。我們可以順勢理解為，**當你覺得忘記某事的時候會有兩種情況，一為訊息真的消失了，另一則為只是一時想不起來。**

關於遺忘，最有名的研究莫過於赫爾曼・艾賓浩斯（Hermann Ebbinghaus）所做的一項實驗。由於該實驗已被眾多記憶相關書籍或文章引用，或許多數人對此並不陌生。

82

第 2 章 「記憶」是什麼？

Evidence

該實驗讓受試者先記住一長串無意義的字母列表，經過一段時間，當受試者已經忘記這些字母的時候，再測量他們重新記憶這些字母所需的時間。結果顯示，學習曾經學習過的事物，所需要的時間明顯地縮短許多。

也就是說，**即便想不起來，也並不代表該資訊已經從大腦中消失**，在一定期間內，重新恢復記憶狀態所需的時間將比初次記憶時來得更短。

另有一項使用患阿茲海默症的老鼠來證實記憶是否仍蓄積在大腦中的實驗。阿茲海默症簡單來說，就是長期記憶受到損害的一種疾病。

Evidence

當小鼠被放到實驗箱時，會受到微弱的電流電擊並產生痛感。一般的老鼠會因此產生嫌惡的記憶，再次進入箱中時，會有裹足不前或者意欲出逃的表現。

另一方面，患阿茲海默症的老鼠因無法長期記憶的關係，會忘卻不愉快的經驗，再次進入箱中時也不會出現逃跑的行為。

然而，若刺激患阿茲海默症老鼠的大腦，強迫其想起不愉快的經驗，則老鼠便會表現得彷彿仍具有長期記憶一樣。

此實驗結果顯示，即便因阿茲海默症而無法形成可回想的長期記憶，但資訊本身其實仍被儲存在腦海中的某個地方。

◉ Point
忘記的記憶，其實有可能只是想不起來而已。

■專欄　如何忘掉想忘記的東西

遺忘看似是記憶的仇敵，但就人生而言，誰沒有一些想忘記的事情呢。巨大的失敗、差點賠上性命的恐怖經驗……。也有人會因為忘不了想忘記的事而飽受折磨。

既然有輕鬆記憶的訣竅，那肯定也有消除記憶的方法。這裡就為大家介紹方法之一。

也就是，利用記憶機制來進行「再固化」的方法。

當記憶中的事物被回想起時，記憶本身會進入不安定的狀態。而再次保存記憶的行為，就稱為「再固化」。

例如，當你回想起在大眾面前演說失敗的經驗時，記憶本身便會陷入一種混沌的狀態。

此時，若你再次感受到失敗時不安的心情並且心生「完蛋了」的恐懼，因而停止回想，不安的情緒與恐懼便會再度被固化，形成更加穩固的記憶。

有研究顯示，若能夠在記憶被喚醒的時候，維持放鬆的狀態，就能阻止再固化的發生。

我們可以利用這種機制來抹平創傷。讓自己維持在「我現在很安全」的心態之下，去回想過往的恐怖經驗，就能沖淡強烈的記憶，使其得以被遺忘。

第3章 高效能的記憶方法

3-1

九成的人都沒有意識到的關鍵

記憶是由「銘記」、「保有」、「憶起」三個步驟所組合而成。

「銘記」指的是將新的事物輸入到大腦當中,也就是「記住」的意思。「保有」是將事物如實地儲存在大腦。換言之,保有記憶的狀態,簡言之,就是不忘記的意思。「憶起」則是指在適當的時間點將事物自大腦中取而用之,簡言之,就是「回想」的意思。

但是,在這三個步驟之前,我認為還有一項必須認知到的關鍵。那就是「你想要記住什麼」,也就是說,必須先決定欲記憶的標的物。

聽起來彷彿理所當然,但實際上因為標的物不明確而使記憶效能低落的情形並不少見。

第 3 章　高效能的記憶方法

因此，我認定的記憶步驟應如下所示：

- 步驟①：決定記憶標的物
- 步驟②：開始記憶
- 步驟③：維持記憶狀態
- 步驟④：適時地回想

這裡改變了！

Before 馬上開始記憶。

After 先決定好「想要記憶的標的物」才開始記憶。

89

3-2 步驟① 決定記憶標的物

聽到我說「決定記憶標的物」時，你或許會感到有些不解。我就是因為記不住應該要記住的東西才感到困擾的呀！我彷彿能聽到你心裡頭的聲音。

然而，「決定記憶標的物」確實是相當關鍵的步驟。

● **複雜的事物不要想一次記起來**

決定記憶標的物時，是有小訣竅的。那就是，將標的物「定義為容易記住的形式」。

「容易記住的形式」具體來說是什麼樣子呢？

90

讓我們先來假設一個想記住難記事物的例子。而且商務人士比起學生，又會更常需要記住一些冗長複雜的概念。

假如你想要記住「DX（digital transformation）」這個最近時常會聽到的詞彙以及其概念。

「DX」在日本經濟產業省的定義如下列文章所示：

企業為因應商業環境的激烈變化，活用數據與數位科技，在以顧客及市場利基為基礎，改革商品、服務以及商業模式的同時，也革新相關業務、組織、流程、企業文化與習慣，確立自身在競爭上的優越性。

（出處：日本經濟產業省網站）

若想將解釋通篇背下，大腦恐怕會吸收不良。
當欲記憶的標的物過大，將導致記憶的負擔超重。

因此，我們必須運用在短期記憶的篇章中所學到的知識，將文章所含的關鍵字用自己的話整理成不超過「7±2」的組塊數。

先試試用「數據」、「數位技術」、「商業模式」、「業務」、「組織」、「改革」六個關鍵字來重新定義。

活用數據與數位技術，改革商業模式、業務以及組織。

這樣是不是好記很多呢？訣竅就是將這樣的概念盡可能地簡單化。

如果這樣還是覺得很難記住，就請先確認自己是否已能夠掌握在定義DX時所使用的那些單字（例如「數位技術」或「商業模式」）的意義。

這個步驟常會失敗的原因就在於沒有決定好標的物，僅僅是記住了一些模糊不清的內容。

如果你發現沒有辦法用自己的話來解釋這些單字，那麼最好和定義「DX」時

第3章 高效能的記憶方法

一樣，先使用 7±2 個要素來定義「數位技術」以及「商業模式」等詞彙，並且由此開始記憶。

若想記住繁複的內容，就要先完備背景知識，再追加略為複雜的資訊，才是有效率的做法。請記住，**不要想一口氣記住大量知識，而是應該慢慢加深加廣**。

● **配合輸出進行輸入**

決定記憶標的物時，考量想要如何取用記憶也很重要。

以考試為例，在背英文單字時，要記住單字的中文意思嗎？要記住發音嗎？要記住單字怎麼拼寫嗎？針對不同需求適合的記憶方法也有所不同。

此處與後面將談到的步驟④「適時地回想」亦有關聯，但首先為了選出對應回想形式的記憶方法，就必須先決定記憶標的物為何。

若考試內容為回答出某中文的英文單字，那麼看著英文單字背中文意思便無益於得分；若考試內容為英語會話，那麼拼命練習單字的拼寫也只是浪費時間。

配合輸出形式選擇輸入方法，在提升記憶效率方面實為重要。

花點時間決定好記憶標的物，就能提升記憶過程的效率。

這裡改變了！

Before
硬背下複雜或模稜兩可的內容。

After
將複雜或模稜兩可的內容，用自己的話以 7±2 個關鍵字重新定義後，再開始記憶。

3-3 步驟 ② 開始記憶

終於，要開始進入記憶的過程了。

有關記憶或學習的研究為數眾多，接下來我們會一邊介紹這些實驗，一邊講解提升效率的記憶方法。

● **「考試」不只是為了測試成果**

在學習或者記憶某些事物的過程中，時常會有考試。實施考試的目的是為了測試我們記住多少以及理解多少。

然而，考試的效果並不僅限於此。

事實上，**考試本身也有助於使記憶附著**。這一重要且極具效果的事實，卻不怎麼為人所知。

以下介紹一篇2011年刊載於《科學》雜誌上，由傑佛瑞・卡皮克（Jeffrey Karpicke）博士所發表的研究論文。

Evidence

該實驗以科學文章作為學習素材，讓受試者透過四種不同的方法學習，並於一週後進行考試。考試內容包括（A）與原文內容直接相關的問題，以及（B）必須進行推論才能回答的問題。除了比較兩個項目的分數外，還有（C）學習後受試者對於自身的評價。

學習的方法有下列四種：

1. 僅在規定時間內閱讀
2. 可反覆閱讀

3. 閱讀＋繪製概念圖
4. 閱讀＋考試

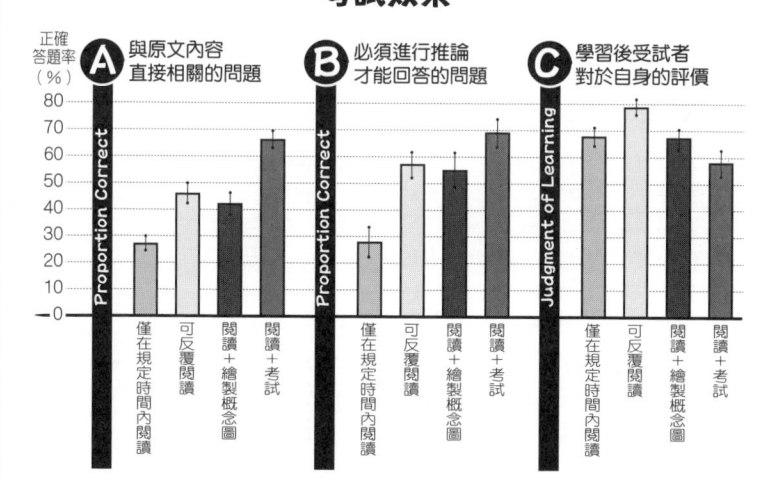

測試結果顯示，經由考試學習的第四組，在與文章直接相關的問題以及必須進行推導的問題當中，都取得了較高的分數。「反覆閱讀」與「閱讀並繪製概念圖」的組別，正確答題率（以下簡稱「正答率」）在40～50％之間，相較之下，經由考試進行學習的組別，正答率卻可達到60～70％，形成了巨大落差。

考試效果

A 與原文內容直接相關的問題

B 必須進行推論才能回答的問題

C 學習後受試者對於自身的評價

（各組柱狀圖由左至右）
- 僅在規定時間內閱讀
- 可反覆閱讀
- 閱讀＋繪製概念圖
- 閱讀＋考試

在這四種方法當中,繪製概念圖是最需要動腦的,因此許多人可能會認為這應該是最有效的學習方式。不過令人意外的是,透過考試進行學習的組別卻擁有最高的正確答題率。

考試對於學習本身產生效果的事實固然重要,但使這個實驗更加有趣的部分則是受試者對於自身的評價。

透過考試學習的組別對自身的評價較低,反而是使用其他學習方法的組別認為自己「已經記住了」的比例更高。然而實際上,記得最清楚的卻又是透過考試學習的組別。

由此實驗結果可知,有時候即便覺得自己「已經記住了」,但事實上卻可能並非如此。

在只閱讀文章一次的組別當中,有將近70%的人認為自己「已經記住了文章的內容」,但最終正答率卻不到30%。

我們必須特別注意像這樣**自我認知與實際記憶程度比例不符的情形**。

98

第 3 章　高效能的記憶方法

透過考試提升效率的方法，在學習漢字時也適用。

一般所說的漢字練習，就是看著範例不斷地重複書寫。寫10次、20次，不僅很花時間而且手還很痠。但正因如此辛苦，也才特別有成就感。

不過很遺憾的是，這並非有效率的記憶方法。

相較之下，每寫完一次就更換一張紙，這種一邊測試自己，一邊記憶的方法才更有效率。

這裡改變了！

Before　先全部記住再進行考試。

After　在記憶的過程中，頻繁地進行考試。

99

● 透過提示使記憶輕易附著

接著要介紹的,是能幫助記憶主動輸出的祕訣,那就是「產出效果」。

可以把「主動輸出」理解為,透過提示使答案自動浮現。

舉例來說,背英文單字的時候,比起將單字唸出來或者重複書寫單字,把單字的某些字母遮起來,再試著拼出完整的單字,會對記憶更有幫助。

大家可能會認為,把單字唸出聲音來就已經是一種主動輸出了,但是讀出完整體與將不完全體經自主思考後補全,兩者之於長期記憶的轉換率是有所差異的。

科學家諾曼・斯拉梅可(Norman Slamecka)在1978年提出了產出效果的理論。雖年代久遠,但至今仍有其卓越之處。

Evidence

實驗中會提供兩兩成對的單字列表,第一個單字的功用為提示,第二個單字則

第 3 章 高效能的記憶方法

第一組（GENERATE）單字列表的呈現方式為「HOT‐C___」〈反義詞〉」，也就是標示出第一個單字與第二個單字的關係（同義詞或反義詞等），讓受試者先自行想出答案再記住單字。

第二組（READ）則是直接呈現兩個單字與彼此的關係，讓受試者在閱讀過後記住單字。

測試方式是以第一個單字為提示，要求受試者答出成對的第二個單字。

需要受試者背起來，最後再比較兩種不同學習方法的測試結果。

產出效果

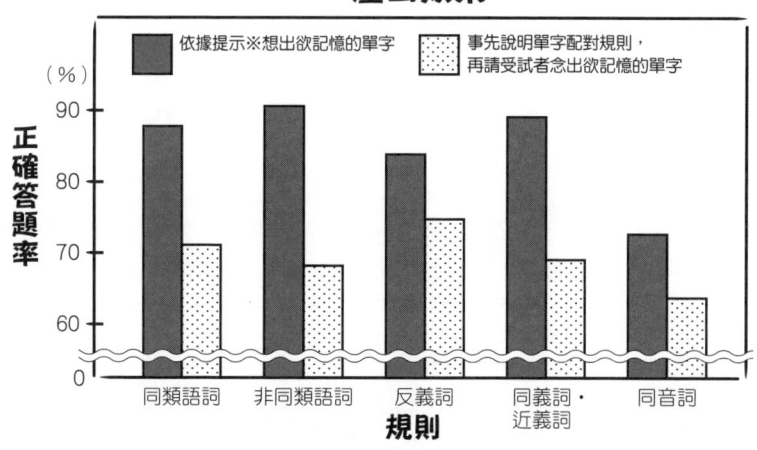

正確答題率 (%)

規則	依據提示※想出欲記憶的單字	事先說明單字配對規則，再請受試者念出欲記憶的單字
同類語詞	約88	約71
非同類語詞	約91	約68
反義詞	約84	約75
同義詞·近義詞	約89	約69
同音詞	約73	約64

※提示為單字開頭字母以及配對單字間的關係（同義詞、反義詞等）。

自行想出答案的第一組，在各項的正答率皆從80％起跳，甚至高達90％。相較之下，READ組的正答率約在70％上下。兩者平均的表現差異約為15％左右。

在學習時間相同的情況下，表現差異竟達到了15％。

運用這種產出效果時，最重要的關鍵是製造提示的方法。而在實際學習時，應該怎麼製造提示才好呢？

例如，背英文單字的時候，開頭的字母與字母數就可以作為提示；背漢字時，則建議將部首或者筆畫開始的位置作為提示。

又，與自己有關聯的事物也能幫助記憶，因此將這些資訊作為回想時的提示，也能發揮效果。

此外，**若使用較少的提示就能產出答案，則效果更佳。**

建議大家有餘裕的話，可以先使用兩個提示就好，若還是覺得不夠，後續再追加其他提示。

第 3 章　高效能的記憶方法

接下來，將提示寫在不同的紙上或用紅筆記下，再蓋上紅色的透明紙張，使提示暫時消失，想不出答案的時候就一次看一個提示。

必須注意的是，背英文單字等需要一次大量記憶時，應避免通用或者雷同的提示。

例如出現「apple」和「action」兩個單字時，若將提示設為「a 開頭」則很容易搞混，不利於記憶。

因此，對於想要同時記住的內容，還請使用不會彼此混淆的提示。

★提示範例

●蘋果（apple）
　　→ a____ → 有兩個p

●環境（environment）
　　→ 字尾為ment → 11個字母

●開創鎌倉幕府的人
　　→ 名字有「朝」字 → 名字有三點水

●首位內閣總理
　　→和母親的舊姓相同

● 越前面越容易被記住

接下來要介紹的是「位置效果」，也就是**當諸多項目以列表形式被記憶時，開頭與結尾的項目是最容易被記住的。**

Evidence

受試者在聽到15個單字後，會被詢問剛剛出現了哪些單字。有將近70%的人能回答出第一個出現的單字，但到了第三個單字以後，正答率就只剩下40%左右。最後幾個單字的正答率雖會再次提升，但相隔一段時間過後，正答率又會衰退成與其他單字相似的程度。

最後幾個單字純粹只是以短期記憶的形式被留存，一段時間過後，便只會剩下較容易被記住的開頭幾個單字。

如果你也曾經覺得「單字本最前面的單字總是特別好記」，那麼這可能就是位

第 3 章　高效能的記憶方法

置效果的影響。

我想起自己在學生時代，曾經買了一本單字本，並趁著新鮮感還在時趕緊讀了起來，但隨著每天的頁數與單字不斷增加，卻開始覺得記憶越來越模糊，好像什麼都沒記起來。

如果我當時知道越前面就越容易記住的道理，那麼在背英文單字的時候，我就會避免每天都按照相同順序來背誦。

相反地，怎樣都記不住的東西，就巧妙地利用位置效果，每天由此開始複習。

→這裡改變了！

Before
總是按照相同的順序學習。

After
每次重複學習時都將順序調換。

105

● 活用聽覺

在介紹記憶的種類時，我們曾提到感覺記憶。

感覺記憶中的視覺記憶轉瞬即逝，在一秒內就會消失不見。相比之下，聽覺記憶即使在沒有意識到的狀態之下，都能夠維持 2～5 秒左右。

如果追視閱讀卻仍然記不起來時，可以嘗試朗讀出來或者錄下聲音，使用聽覺來給予不同的刺激，同時也能幫助記憶。

Evidence

實驗首先會分別要求受試者以「大聲朗讀」、「朗讀」以及「默背」的方式將一系列單字背起來。接著，研究人員會舉出一些單字，請受試者判斷該單字剛剛是否出現過，進行所謂的辨識測試。

結果顯示，大聲朗讀的組別能夠記住約 78％ 的單字，朗讀的組別為 66％，而默背的組別則為 51％。

第 3 章 高效能的記憶方法

光是大聲朗讀，正答率就比默背的組別高出26%。

然而，需要特別注意的是，**許多實驗也顯示，若僅以聲音的方式進行輸入，通常很快就會忘記**。以自己朗讀的方式雖然沒有問題，但若只想靠聽聲音來記憶，恐怕將成效不彰。

所以還請大家一定要搭配視覺素材來活用聽覺。

> 這裡改變了！
>
> **Before** 一味地默背。
>
> **After** 將重要的地方朗讀出來幫助記憶。

● 「我記住了」的感覺一點都不可靠

從介紹考試效果時所提到的實驗亦可知,覺得自己「已經記住了」跟實際上「真的記住了」之間,可能存在極大差距。這也是記憶為何如此困難的原因之一。如果只憑自我感覺判斷記住與否,那麼實際上什麼都沒記住的情形也可能會發生。相反地,也有可能會因為覺得自己還沒有記住,導致反覆地學習了其實已經被記住的內容。

自我感覺與實際記憶的差距,無論偏向哪一方都會造成判斷錯誤,因此切記不可依賴感覺來管理記憶。

以下是一則與兩者落差相關的有趣研究。

Evidence

受試者會被分成兩組,並被要求記住相同的單字。單字內容完全相同,但是

一組的單字以普通大小的18級字（18 pt）呈現，另外一組則是48級字（48 pt）特大文字，以此比較兩者的學習成效。

兩組受試者覺得自己「已經記住了」與實際學習成果的比例，正如下圖所示。

以普通大小的文字進行學習的組別，覺得自己「已經記住了」的比例為50％，而以特大文字進行學習的組別則為60％。特大文字的組別覺得自己「已經記住了」的比例雖高出了10％，但實際的學習成果卻未受文字大小影響，仍僅有20％。

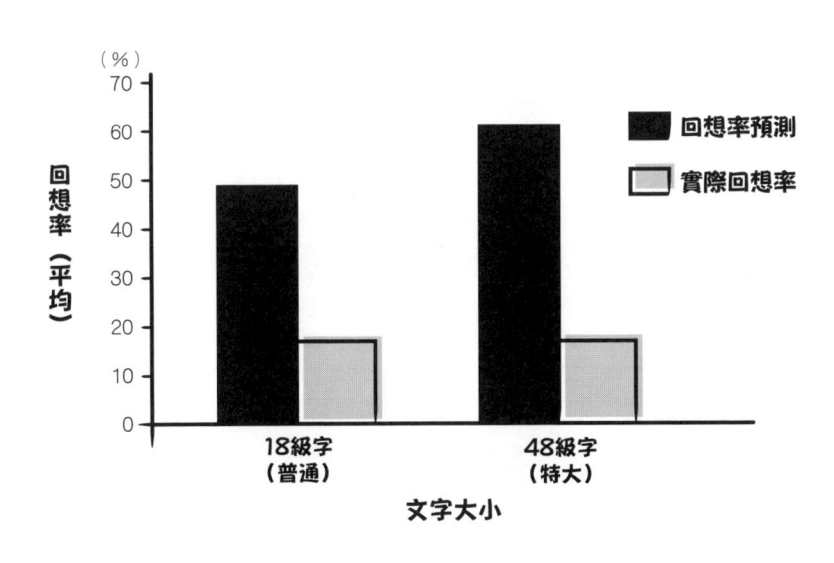

覺得自己「已經記住了」的比例雖有所不同，但實際上，記憶的難易程度卻無關乎文字大小。

如上述實驗般，現實世界當中也會發生**因為受到了與記憶難度毫不相干的因素影響，導致人們對自我記憶的判斷輕易地改變**。

此外，不得不注意的一點是，無論哪一個組別，實際記憶與自我評價均分別有30％及40％的巨大落差。

假設在學校的某次考試中，當你覺得自己答對了50％，結果卻只得到了15分的時候，應當會相當失望吧。

雖然說有必要認知到，明明覺得自己「已經記住了」，實際上卻什麼都沒記住的狀況實屬正常，畢竟這就是人腦的特性，但光是意識到這點還不足以解決問題。

因此我們必須透過考試等客觀的方法，來判斷記憶是否真的成形了。

110

第 3 章　高效能的記憶方法

> 這裡改變了！

Before
感覺到自己「已經記住了」的時候便停止學習。

After
不依賴自我感覺，而是透過考試等方式來判斷自己是否已經記住了。

● 記憶的難易度取決於自身基礎

目前我們已經介紹了許多提高記憶效率的方法，但如果遇到無論如何都記不起來的狀況，那麼或許就有必要重新審視記憶標的物。

111

7

「定式」是指棋盤遊戲中，經多方棋手反覆交戰，在相似的條件下形成的固定下法。

為什麼這麼說呢？因為**什麼東西好記、什麼東西難記，是因人而異的。**

若將西洋棋隨意亂放，西洋棋大師能記住的棋子位置和一般普通人並沒有太大區別；但若將棋子擺在棋盤上，那麼西洋棋大師便能一眼記住複雜的棋局。

這是因為西洋棋大師長久以來的經驗與對定式❼的了解，構成了記憶新棋局時的記憶能力。也就是說，他們能以既有的西洋棋記憶作為基石，使新的資訊更容易被記住。

112

有科學家便針對已保有的長期記憶如何影響短期記憶進行研究。下列實驗是以寶可夢作為道具，測試熟悉的事物是否比不熟悉的事物更容易形成短期記憶，以及其正確性是否會受到影響。

Evidence

六種不同的寶可夢會顯示在同一畫面，並停留0.5秒，接著受試者必須回答哪一種寶可夢出現在哪個地方。小時候玩過初代寶可夢的受試者，比較容易記得初代寶可夢及其出現的位置，但對於不太認識的新一代寶可夢，其記憶程度就與不熟悉寶可夢的受試者相當。

由此實驗也可得知，短期記憶雖可處理 7±2 個訊息組塊，但組塊本身也會隨著當事人所持有的記憶而產生變化。

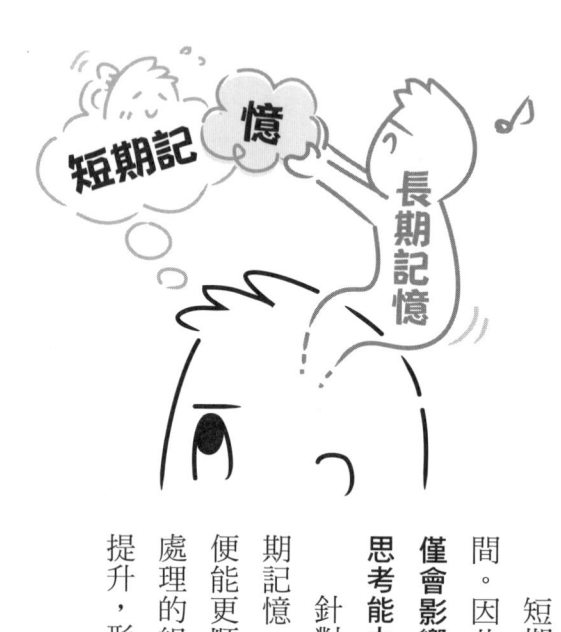

短期記憶是人類用來進行邏輯思考的空間。因此，**短期記憶所能容納的資訊量，不僅會影響新的記憶成形，亦會影響一個人的思考能力。**

針對欲深入了解的領域，應確實累積長期記憶，構築記憶的基石。如此一來，後續便能更順暢地追加新的記憶，短期記憶所能處理的組塊數也將增加，思考能力便會自然提升，形成一種良性循環。

第 3 章 高效能的記憶方法

3-4 步驟③ 維持記憶狀態

「不想忘記大費周章好不容易才記起來的東西」——這是再自然不過的想法。然而，身為動物，忘卻是不可避免的。一年前結實纍纍的蘋果樹與昨天看見的結實纍纍的蘋果樹，若兩者的記憶一樣鮮明，恐怕會讓人感到很困惑。一年前的記憶已然模糊，而近日的記憶顯得鮮明，這種方式對動物生存較有利，因此謂為自然。

很遺憾的，我們都逃不過忘卻的命運。步驟③將帶大家認識記憶與忘卻的本質，並介紹有效維持記憶的方法。

● **就算忘記了，再次恢復記憶的時間也會因而縮短**

接下來我將再次說明第 2 章中曾提到的艾賓浩斯的遺忘實驗。這項實驗是透過一長串無意義的單字列表來進行有關遺忘的研究。

115

艾賓浩斯這項有關遺忘的實驗距今大約140年，因年代久遠，其實驗的設計方法以目前的觀點來看，實有許多可議之處。

例如，從結果上無法區分忘記的原因是學習方法錯誤或者是單純的遺忘，無意義的字母列表是否能夠對應真實世界中的記憶曲線，以及無意義的字母列表當中也有發音較容易與發音較為困難的組合。

雖說細部還有許多檢討空間，但我認為就知識的層面來說，這仍是具高度重要性的一項實驗。

Evidence

艾賓浩斯記錄了受試者在記住一連串無意義的字母列表後，隨著時間變化，依然能夠維持的記憶程度。研究人員會測量受試者在記住所有字母並經過一段時間後，再次記住所有字母所需花費的時間，並比較其最初的結果計算出「省時率」。

第 3 章　高效能的記憶方法

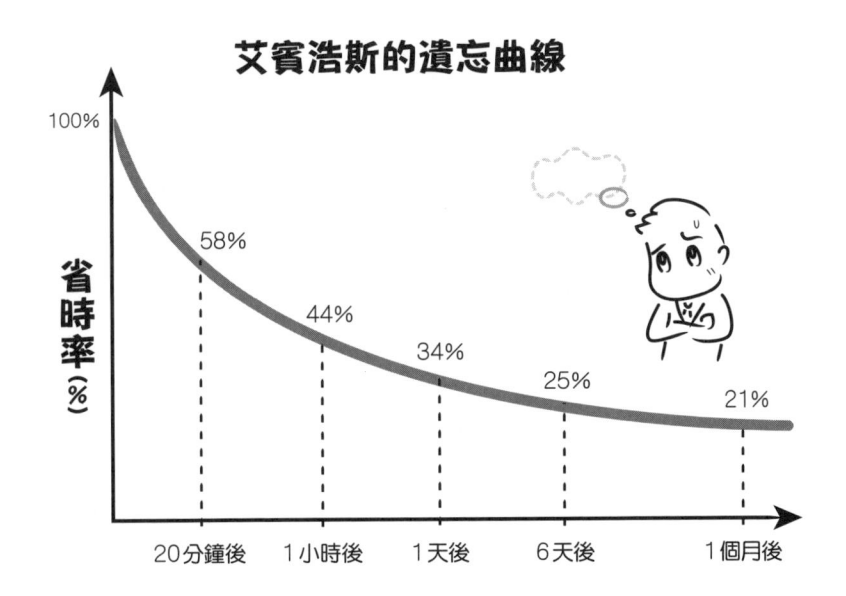

艾賓浩斯的遺忘曲線

```
省時率 (%)
100% ┐
     │
 58% ┤
     │
 44% ┤
     │
 34% ┤
     │
 25% ┤
 21% ┤
     └────┬─────┬─────┬─────┬─────┬──→
      20分鐘後 1小時後 1天後 6天後  1個月後
```

實驗數據顯示，20分鐘後的省時率是 **58%**，一個小時後是 **44%**，一天過後是 **34%**，一個月過後的省時率則下降到 **20%**。初次記憶後省時率會先大幅下降，接著隨時間變化慢慢逐步衰退。

另外，從反覆學習的實驗中亦得知，當學習次數不斷累積，省時率便會上升，也就是說即便忘記了，再次恢復記憶狀態所需要的時間也會因此而縮短。

117

在艾賓浩斯之後，從各個面向進行的遺忘研究不勝枚舉。考試效果與產出效果亦是相關成果之一。

此外，也有實驗指出，**越難記住的東西就越容易忘記**。雖然這個結論令人有點感傷，但這也讓我們了解到，對於難記住的事物就必須要以頻繁確認等方式來妥善地維護記憶。

接著就來談談記憶的維護，也就是複習的方法。

● 使用分散效果來進行複習

怎麼樣才是最有效的複習方法呢？管理記憶的難處在於，拼命想記起來的東西是否真的記住了又或者忘記了，不實際回想看看便無從得知。如果能在忘記的時候意識到「啊！忘記了」，或許就能輕鬆許多，偏偏我們就是做不到，而總在不知不覺間遺忘了些什麼。

然而，學習過的東西即便忘記了，依然能夠用比初次學習更短的時間，透過複習來恢復記憶狀態。因此，複習可說是非常重要。

有研究結果顯示，比起集中複習，分散複習的效果更好，這就是所謂的「分散效果」。

與記住新東西時的道理相同。與其三小時都集中念同一科目，不如將之分為數次，每次念半小時到一小時，反而會使記憶更加有效率。

艾賓浩斯在記憶實驗中也指出，若受試者以集中學習的方式來記住無意義的字母列表，則需要反覆學習字母串80次左右，相較之下，**分散學習的受試者只需要大約一半的次數就能將字母串給記住。**

這個道理在實際學習的過程中幾乎不曾被好好利用。

舉例來說，學校的教學方式通常都是一個單元接著一個單元。如果這個單元講的是分數的除法，則教學便會著重於此，但到了下一個不同主題的單元，分數的除法便會暫時消失。

個人學習時也一樣，大多數人都是在考試前集中學習某一科目。社會人士的情況也多半相同。在英檢或資格考前特意騰出時間，並在此時間內想方設法集中學習的人應當不在少數。

若要活用分散效果來維持長期記憶，則學習時段以相隔數日或者兩個星期以上為最佳。

我建議大家以此為大致目標來設立時間表，進行學習的長期抗戰。

話雖如此，但因為諸事繁忙而抽不出時間，卻必須在下週前把書念完的情形仍時而有之。

分散效果就算是僅間隔10分鐘左右，也能充分發揮作用，因此即便時間不多，也請試著將學習分散開來。此外，也沒有學習與學習之間不能休息、不能睡覺、不能運動的說法。學習與學習之間的時間，就算夾雜其他科目也仍具效果。但需要特別注意的是，若相鄰的學習科目性質過於相近，將導致分散效果減弱。

120

學習英文時，與其集中背誦大量英文單字，不如在其間穿插文法、長文閱讀與發音練習等項目。在為考試做準備時，也可以將不同科目交互穿插。另外，背英文單字的時候，比起不斷重複同一個單字，更有效的方法應該是循序漸進地念過每個單字，過一段時間後，再回頭重看一開始的單字。

如果能有意識地將學習時間以數日、數週為間隔，或甚至短至10分鐘左右，都能讓學習變得更加有效率。

→ 這裡改變了！

Before 特意騰出時間來集中學習。

After 不同時間點重複學習同一範圍，就算只隔10分鐘也可以。

3-5 步驟④ 適時地回想

記憶的最後一個步驟就是要能適時地回想。

無論記住了多少東西，若無法在適當的時間點存取記憶就無法活用之。在步驟①的階段，將想記住的內容確實定義與語言化是至為重要的事。如此一來，記憶才能更容易地在適當的時間被提取利用。

此外，也有利用記憶的性質來幫助回想的方法。

方法之一便是，**在相同環境之下回想相同記憶**。記憶當下的背景音樂、周遭的氣味，又或者如果是以紙張來進行學習，那麼紙張、原子筆的顏色、觸感等等……這些都能成為回想的提示。

第 3 章　高效能的記憶方法

其他方法像是在與考場相似的環境下學習，或念書和考試時使用相同的文具等。回想一下當時是用紙本學習嗎？還是用手機呢？還是平板電腦呢？又或者坐在什麼樣的椅子上呢？總之試著尋找有助於回想的提示吧。

怎麼樣都想不起來的時候，從記憶成形當下的環境著手也是一個辦法。回想一下當時是用紙本學習嗎？

這裡改變了！

Before 想不出來的時候就放棄。

After 想不出來的時候，先回想記憶成形之際的情境，一步步將回憶拉近。

3-6 如何記住書中的內容？

出社會後，欲記憶的標的物逐漸變得複雜。舉例來說，若想記住某本書或論文的內容時，應該怎麼做呢？

依據我們目前為止的介紹，大家應該已經猜想到把整本書全部背起來肯定是失敗的做法。首先，我們必須要確立記憶標的物。

此時，請依據自身的理解整理出該書或該論文的重點，或者以目錄作為基礎建立概要。

完成這個步驟後，接著將概要分解為容易記憶的組塊。如同前面提及的「DX」例子，將一篇文章中的概念分解為 7±2 個組塊。

第 3 章 高效能的記憶方法

越是熟悉的範疇，能記住的概念數目就越多；若是剛接觸的領域，則建議將概念數目減少。

如果發現自己怎麼樣都無法將概念數目減少，又或者無法用自己已經理解的概念來表達新的概念，那就表示記憶標的物對你來說過於困難。這時候請先從簡單的內容著手，或者先補充背景知識後再從頭開始。

接下來，請將被分解的句子轉化為標題或關鍵字，並記憶之。而後再以該關鍵字作為提示，反覆練習回想起文章中的部分內容，如此一來便能提高記憶的解析度，使標的物更容易被記住。

像這樣**將標的物分解成細節要素後再記憶，能使相關資訊更容易被掌握，也能提高自身的思考能力。**

此外，想更進一步深度學習時，因為有了穩健的基礎，追加的知識也連帶地更容易被記住。

> 這裡改變了！

Before 將書本上的字句原封不動地記下。

After 用自己的話摘要書中內容後再記憶。

第4章

記憶的習慣

4-1 維護記憶的習慣

就算意識到了記憶的重要性,但若沒有像考試這樣明確的目標,很容易便會開始懷疑「這個知識什麼時候會派上用場」,導致對於維護記憶感到意興闌珊。

特別是社會人士因為工作的緣故,通常會將時間優先分配給短期內較為重要的任務、須限期完成的事項,或者馬上能派上用場的事物。而且,無論再怎麼努力記住,遺忘都是在所難免的。

也因此,成為大人以後,要保有強烈動機並繼續維護記憶就變得愈發困難。此時最重要的就是,**將記憶習慣化**。

定期維護記憶是防止遺忘最有效的方法。此外,利用分散效果也可有助於記憶,因此學習應該避免在幹勁湧現之時集中猛讀,而要每日少量的積累才是記憶的捷徑。

128

第 4 章 記憶的習慣

要建立新的習慣固然困難，但一旦養成習慣，往後就能自然地持續下去。換言之，這正是我們需要下苦功之處。

那麼，到底該如何將記憶變成一種習慣呢？

◉（1）只在一開始才有效的意志力

要養成新的習慣時，切勿依賴自由意志。

一般來說，很多人可能會認為要持續某項計畫或行為時，首先必須設立遠大的目標，接著就憑藉強大的意志力朝目標不斷前進。這些人若是聽到我說「切勿依賴自由意志」，想必會非常吃驚。

生理學家班傑明・利貝特（Benjamin Libet）曾針對自由意志做了一項十分有名的實驗。

129

Evidence

受試者可在任意的時間點移動手指，同時望向時鐘並向研究人員報告時間。接著研究人員會比較手指移動的時間點以及腦部的活動電位。

一般來說，是腦中先出現了移動手指的渴望，使得大腦發出「移動手指」的指令，手指因而移動。也就是說，預期的順序應該是先有特定意志，再發生大腦電位變化，接著才出現手指移動的動作。

然而實際上，大腦電位的變化卻顯示，「移動手指」的指令比移動手指的意志還早出現了0.4秒鐘。

後續研究人員又做了各種測試，並確認同樣的現象仍會發生。

在日常生活中，我們並不覺得手部會在無意識的情況下擅自活動，因此很多人對這項實驗結果感到相當震驚。

這項結果並不表示自由意志不存在。經由其他實驗可知，在決定「移動」後，透過「還是算了」的自由意志仍可停止動作。

130

第 4 章　記憶的習慣

當然，移動手指與思考人生目標是無法相提並論的兩件事。就經驗或者見聞來說，憑藉強大意志力完成某項壯舉的例子也不在少數。

然而，後續更多的研究顯示，人類其實常在無意識的狀態下做出決定，而後自由意志再加以承認，使人產生「是我自己做的決定」的錯覺。不光是移動手指這樣簡單的動作，**於各式各樣的日常活動中，我們其實都在無意識狀態下深受大腦決定的影響。**

此外，現在我們也已知曉，基於自由意志來做決定是相當耗費心力的活動。一個非常有名的例子就是，史帝夫‧賈伯斯因為不願將自由意志的資源浪費在選擇衣著搭配，而擁有無數件相同的衣服。

人類每天能夠根據自由意志完成的事情有其上限。若達成目標需要一段較長的時間，則僅憑藉意志力多半很難持續到最後。

或許有人會覺得「我的意志堅定，不會有問題」，但意志力其實是相當珍貴的資源，最好能運用在創造事物上。

甚至,意識過剩也有可能導致動作窒礙難行。

舉例來說,若過度意識舌頭的動作,就無法好好說話,或者想有意識地調控呼吸卻反而使得呼吸困難。另外,我們也可能受到心理因素影響,被禁止不能做的事情就更想做,聽到「這是祕密喔」就更想告訴別人。

以目標來說,當期限將至,一方面雖然想趕快完成,一方面卻又整理起書桌和房間,盡想做些不相干的事。也有報告指出,**壓抑自然的思考與情緒會帶來諸多負面的影響。**

仰仗意志力持續某事物,或者維持動機並非全然不可能,只是效率欠佳。特別是必須長時間維持的時候。

如果你也有無法持續某事物的經驗,那或許便是過度依賴自由意志的結果。並非是你的意志力不夠堅強,而是你未善加利用大腦的性質而已。

第4章 記憶的習慣

◉（2）活用潛意識的判斷

以實際面來說，該如何維護記憶呢？

首先，必須活用潛意識的判斷。

從先前的例子可知，人類會在無意識的狀態下做出許多決定，雖說是無意識，但並非代表就無法透過意念控制。大腦並不會無端地擅自下決定，也沒有來自其他世界不可抗拒的力量，**大腦其實只是依照至今為止的習慣，也就是以記憶作為基礎自行做出了一些判斷。**

我們可以利用大腦的這項特質，透過意志來操控無意識的判斷。

請大家回想一下促發效應。

當我們想活用潛意識的判斷來完成事情時，也可以利用先前介紹記憶種類時曾提及的促發效應。下列幾項實驗便是藉由促發效應，亦即是先行刺激會影響後續訊息處理的機制，來維持學習的動機。

133

Evidence

第一項實驗結果顯示,在進行某項任務前,若先讓受試者提前接觸到「達標」、「成功」、「任務完成」等積極正向的詞彙,接著再進行任務,那麼不僅集中度能持續更久,產能也會上升。

其他實驗也指出,考試前十天接觸過正向詞彙的受試者,自發性學習的人數增加,自發性學習的時間也變得更長。

透過「是否接觸過正向詞彙」這樣微小的差異,就能在不知不覺間,讓後續的動機向上提升。

促發效應的持續時間眾說紛紜,幅度可從數十分鐘跨至數日,甚至數年間。

若想在生活中置入促發效應的引子,其中一個有效的方法是,**每天過目數次自己想做的事、想完成的目標**。具體的做法包括在廁所、玄關或者書桌前貼有目標的紙條,在手機桌布上下載學習軟體,或者也可以在檔案夾上下點功夫,將目標

134

第4章 記憶的習慣

寫在標籤上。

針對促發效應的先行刺激,並沒有實驗明確指出其所需的文字數等,但最重要的是本人能否自然吸收。可以使用「達標」、「成功」等簡潔的詞彙,或者以考 TOEIC 為例,就將 TOEIC 一詞和期望分數寫在能自然而然映入眼簾的地方。此外,也無須受限於單一詞彙。能馬上意會過來,並自然地感受到「正向積極」的精神才是最重要的。

◉(3)活用條件反射

「條件反射」也有助於習慣化。條件反射在介紹記憶的種類時,曾和促發效應一起出現,在這裡我們要利用它來維持動機。

以下是證明其效力的一項實驗結果。

Evidence

若以電視、遊戲等與玩耍或誘惑相關的詞彙作為引子,則基本上任務的產能便

會下降;與「達標」或「成功」等詞彙呈現出相反的效果。

然而,若是將電視和遊戲與「達標」和「成功」等結合為條件反射,則又能提高動機並專注在任務之上。

讓受試者們回想不屈服於電視與遊戲等誘惑而成功學習的案例,並且在大腦中深深植入這些印象。藉此使電視和遊戲等詞彙成為提升產能的原因。

這些論述不僅有趣,也能輕易地在日常生活中被運用。

平常雖然總想著要好好學習、為了將來要好好利用時間,但只要打開電視或電腦,就會從一開始預計的30分鐘,在不知不覺間來到了睡覺時間……大家應該都有這種經驗吧。

意識到自己正在浪費時間,想停止不該做的事並開始學習時,就是自由意志派上用場的時候了。

請不斷回想自己杜絕誘惑時的成功經驗,以強化條件反射。

第4章 記憶的習慣

◉（4）活用獎賞

習慣化成功後，接著就能活用獎賞機制。

大家應該都有因為獎賞而幹勁十足的經驗。致了解什麼樣的獎賞對自己最有效。那就利用這些經驗，將獎賞設定為你目前最想要的東西或者最想做的事。

例如，若達成一星期的目標就可以吃蛋糕等。獎賞的種類不限，最重要的是能引發幹勁。

只不過，利用獎賞時有一些注意事項。

所謂的「削弱效應（undermining effect）」指的是，針對習慣化或條件反射的事項給予獎賞，最終將導致若無獎賞則幹勁全失的狀況。

這樣一來，就算突然想打開電視或電腦，也會隨之回憶起自己停止浪費時間、奮發學習的經驗，讓心思轉往學習。

除了獎賞之外,監視或者設定截止日期也同樣可能降低動機,不可不慎。是故,**獎賞機制僅限於一開始建立新的習慣時使用**。

● **(5) 設定短期目標**

若設定長期目標,就必須抱有無論如何都要堅持下去的動力。此外,如果出現了下週就必須準備完成的簡報等較為緊急的短期任務時,則多半又得以眼前的任務為優先。

只透過設定長期目標來維持動力實在有其困難。

相較之下,設定一些短期目標並逐一完成,將對於習慣化某事有莫大助益。

下列介紹一則十分有趣的實驗。

Evidence

該實驗以不擅長數學的小學生為實驗對象。在一週的學習進度開始前,先將小

138

第 4 章 記憶的習慣

朋友分成三組，第一組有每日目標，第二組有每週目標，第三組則不會被給予任何目標，接著觀察小朋友們在一週之內的行為。

結果顯示，設定每日目標的組別，其正答率由學習開始前的 5％ 進步到了 80％；自主學習的動力量表也得到了極高的分數。

另一方面，設定一週目標的組別，正答率與興趣度甚至比不設定任何目標的組別還要來得低。由這項針對不擅長數學的小學生所做的實驗，可以發現長期目標帶來了負面影響。

該實驗結果讓我們了解到，遙不可及、無法與自身行為產生連結的目標，反而失去了設定目標的意義。

比起設定目標時心裡想著「我無論如何一定要做到」，以習慣化為核心基礎，**將目標細項化，設定「今天做這個、明天做這個」的短期內可達成目標，才是最重要的。**

在養成記憶某事的習慣時亦是如此，起初練習的時間、頻率較少也沒關係，因為首要之務是設定目標並達成。

先從一週三次、睡前五分鐘開始練習記憶，將這個目標完成後再提高頻率為每週五次、午休時間再加五分鐘、早上起床也再加五分鐘等，慢慢地增加強度，讓能達成的目標也慢慢地增加。如同實驗結果所顯示的，當短期目標不斷被達成，動力也將更容易被激發。

（6）進入心流狀態的祕訣

有一種被稱之為心流（flow）的精神狀態，是指因精神高度集中而忘卻時間流逝，或者相反地，是在剎那間感受到時空緩慢流逝的一種狀態。

在運動競技中也有「in the zone」的說法，表示進入了能夠毫無保留地輸出實力，進而表現絕佳的狀態。

140

第 4 章　記憶的習慣

針對心流狀態的研究持續發展，目前認為只要滿足以下三個條件，便有較高機率產生所謂的心流。

（1）**能力與任務的難度相當**
（2）**每個瞬間的目標都十分清晰**
（3）**行動本身將帶來即時的反饋**

也就是說，若能將記憶訓練設定在適中的難度，便能輕易達成這三項要素，進入心流狀態。

我也曾收到 Monoxer 使用者這樣的回饋：「雖然一開始有點不喜歡，但做了一陣子以後，竟然能夠自然而然地樂在其中。」

沒有體驗過心流的人可能會認為「學習這種單純的行為有什麼值得開心的地方」，但這樣看似單純的行為卻正好符合了進入心流的條件。

進入心流後，集中力與學習效果都將大幅提升。隨後，動力自內在湧現，學習與記憶也都開始變得愉快。可預期這對創造學習的內在動機將產生巨大效果。

然而，是否能進入心流狀態實因人而異；無法進入心流狀態的也大有人在。就像前面提到過的，記憶是一場長期戰爭，過度執著於心流狀態也未必是好事。因此，只要抱持著「若是能進入心流狀態也不錯」的心情即可。

首先，還是請將焦點集中在記憶內容的難易度是否與自己能力相當的問題上吧。

←這裡改變了！

Before
依靠意志力，一次大量記憶。

After
將記憶習慣化，並定期維護記憶。

142

4-2 讓孩子變得善於記憶的五個方法

雖然標題寫著「孩子」，但大人也適用這些方法，而且除了自用之外，還能用在想要提升他人動力的時候。

如何提升孩子或下屬的動力，這一主題亦是長年以來研究關注的領域。在此則將介紹一些與記憶有關的重要部分。

⦿（1）以抱有期許的態度對待之

若想提升孩子或下屬的動力，首先必須要知道的是「比馬龍效應（Pygmalion effect）」。

Evidence

在進行老鼠的迷宮實驗前,分別告知照顧老鼠的研究人員「這些是非常優秀的老鼠」以及「這些是不太優秀的老鼠」。被告知是優秀老鼠的組別,其破解迷宮的成功率較高。

老鼠之間本無優劣之分,但當研究人員在未經思考的狀態下得知這是一群優秀的老鼠時,卻會更小心翼翼地照料他們,繼而使任務的成功率上升。

以人類為對象的實驗也驗證了相同的效果。**當老師被告知某名單上的學生們是「具有潛力的學生」時,這些學生後續的表現亦會有所提升。**

針對此現象產生了各式各樣的解釋,且多數實驗皆證實了這項效果的存在。

從這些結果得出的共同結論是,當老師抱有期待時,發生變化的並非學生,而是老師的行為。由實驗中觀察到,比起其他學生,被老師看好的學生可以得到更多展現的機會、更容易被誇獎、被鼓勵等。如此一來,因應老師的期待,學生也隨之產生更多的動力,使成績向上提升。

第 4 章 記憶的習慣

雖然老師絕對不是故意差別待遇，但期待與否卻自然而然地改變了老師的作為。當老師對其學生充滿期待時，便會給予更多機會並提供適當的反饋，結果就是這些學生也獲得了更好的成績。

然而，單純地對他人抱有期待並不會產生效果。如果不知道對方在做什麼，就開口表達「我很期待你的表現」，這樣也不具任何意義。

若想依靠期待影響成果，很重要的一點是，**在學習過程中給予其適當的輔助**。關鍵在於，了解對方容易犯錯或者不擅長之處為何，並在這一前提之下抱持期待進行溝通。

◉（2）給予獎賞

相較於大人，獎賞對於孩子更能產生效果。

或許不少人對「用獎賞來鼓勵孩子念書」有不好的印象，但在建立習慣的階段，若能果斷活用獎賞，將帶來更好的效果。

145

若運用得當，就算一開始是以獎賞為目的，也能在不知不覺間完成習慣化。有許多的案例即是由起初的獎賞等外在動力，轉化為「想知道更多」的內在動力，後續會針對這點予以詳細說明。

然而，還有一點需要特別注意。也就是，**針對結果給予報酬的效果欠佳，針對達到結果的過程給予報酬才能帶來顯著成效**。

以學習為例，可針對每天固定念多久時間的書、念幾本書等等，有助於達成結果的過程給予報酬或獎賞。

此外，也應特別留意「削弱效應」。

在將讀書習慣化後，若仍欲使用獎賞來提高動力，反而會損傷「想知道更多」、「因為記東西很有趣而想記得更多」這類由內在產生的動機。

習慣化完成之時，便是將物質獎賞轉變為語言稱讚的時間點。

◉（3）階段性製造動機

「自律性」是製造動機時的關鍵要素。

製造動機有各式各樣的方法。例如，「如果你可以完成這件事，就買你想要的遊戲給你」，這種因為想要從外在獲得某物而產生的動機；還有和給予獎賞相反，為了避免「不念書就會被罵」這種負面結果而產生的動機；當然也有「因為喜歡而做」這樣純粹的動機。

依據自身行動意願的自律性多寡，可將動機進行以下分類。

動機的初始階段為「**無動機**」，處於一種「並沒有很想做」的狀態。

由此往上一階則是「**外在動機**」，「做了可以得到獎賞」、「不做會被罵」等

此時很重要的一點是，必須了解自己誇獎的內容與重點。如同解釋比馬龍效應時提到的，如果只是口頭表示「你很努力呢，真是太棒了」，也有可能會導致反效果。請先了解對方到底做了什麼樣的努力，並針對這些事項給予稱讚。

動機五階段

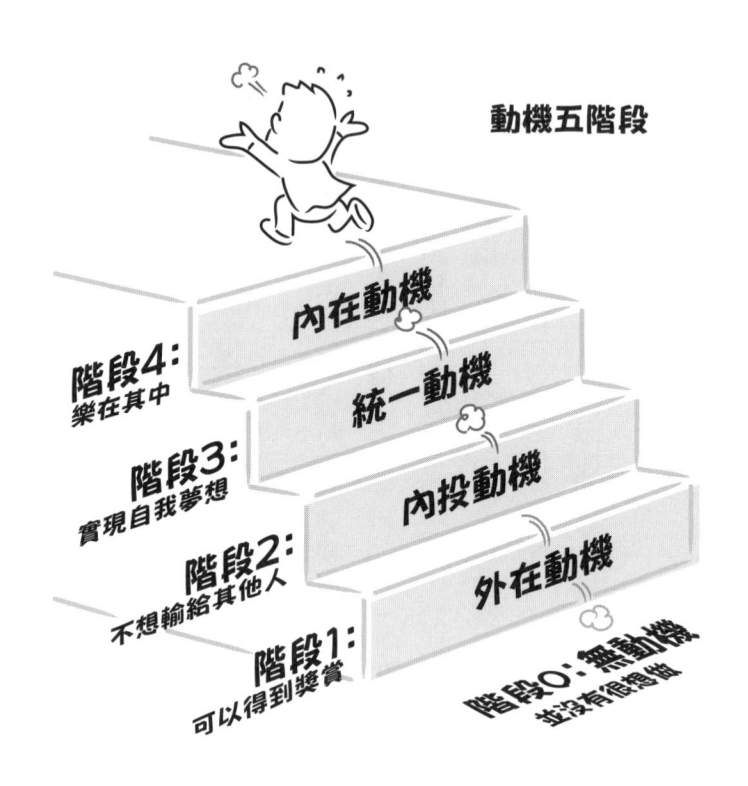

- 階段4：樂在其中 — 內在動機
- 階段3：實現自我夢想 — 統一動機
- 階段2：不想輸給其他人 — 內投動機
- 階段1：可以得到獎賞 — 外在動機
- 階段0：無動機 並沒有很想做

等，都是屬於這個階段的動機。

再繼續往上則稱為「內投動機」，指「不想輸給其他人」、「想比朋友更厲害」、「成績不好會很丟臉」等，因與周圍他人比較而產生的動機。

相較於外在動機，內投動機雖是由內而生，但因動機來源為比較，所以若有成績相當或者不讀書只愛玩的朋友，則可能會使當事人產生「我跟其他人一樣就好了」的削弱動

148

機的想法。

接著再向上一階則是「**統一動機**」，指因為「做這件事就能上好高中、好大學」、「為了自己的將來」、「能幫助我完成夢想」等，或者基於相反的原因，例如「不做這件事就無法實現夢想」、「能幫助我完成夢想」等，是將行為與目的整合統一的狀態。

最後一階則為「**內在動機**」，是出於「學習新知令人快樂」、「因為喜歡而做」等理由，使行為本身的存在即為目的。

由外在動機開始，接著內投動機、統一動機、內在動機，越向上一階的自律性就越高，動機的效果與持續性也更佳。要一開始就達到「因為喜歡而做」的階段實屬不易，因此不妨先利用易於操控的外在動機，從「因為可以獲得獎賞」、「因為有完成期限」等階段起步。

關鍵在於，當對方基於外在動機踏出第一步以後，接下來便可藉由與他人比較使其產生「不想輸」的念頭，或者說明為了對方的將來，眼下這些任務的重要性等，使其**動機來源漸漸地朝內在面移動，轉變為自律性程度較高的動機**。

◉（4）父母以身作則

山本五十六曾說過一段廣為流傳的話：「做給他看，說給他聽，使其嘗試，加以讚揚，方能使人動之。」

如同這段話中最先揭示的，**若想要影響自己以外的人，首先必須親身做出示範。**自身經驗與他人反饋在形成動機時固然重要，但其他人給於周遭人等的評價也是形成動機時的重要因素。若看到有人因為發言而被其他人誇獎，那麼我們也會開始想要嘗試發言，若看到有人遭受責難，則我們會避免做出類似的行為。

在家庭中亦是如此。若父母明明對孩子說「每天請讀書30分鐘」，自己卻在閒暇之餘只看電視不看書，那麼孩子便會產生父母並不是真心認同這項行為的印象。

第 4 章　記憶的習慣

● (5) 消除學習的無力感

我們介紹了許多提高動機的方法，但仍有可能出現無論如何就是提不起勁的狀況。「學習的無力感」指的就是這樣無論如何都沒有足夠動力、無法集中精神完成任務的情形。

這並非代表孩子一開始就完全不想做，而是因為**明明讀了書卻毫無成效的經驗不斷重複，使其陷入了「不管怎麼做結果都不會改變」的無力狀態**。記憶一事亦然。當感受到再怎麼努力都記不住的時候，便會開始認為在記憶上花費的時間都是浪費而已，對記憶一事越來越消極。

以下實驗也證明了相同道理。

小孩子很善於觀察周遭的人，因此若父母能力行自己要求孩子的行為，那麼孩子便會打從心底覺得這是一件好事，並自然形成想做此事的動機。

Evidence

將實驗犬分為A、B兩組進行電擊，A組犬隻能透過按壓按鈕使電擊停止；B組犬隻雖遭受相同強度的電擊，但卻無法自行停止電擊。

上述實驗過後，再將犬隻移動到可自行逃脫的另一實驗場地，並給予電擊，此時A組犬隻會採取行動逃離現場，但B組犬隻卻只是蜷縮在地上而不逃跑。

兩組犬隻遭受的電擊強度雖然相等，但感受到無能為力的B組犬隻，已認定自己的作為與停止電擊之間沒有關聯性，因此失去了逃離現場的動力。

這種認知學習不只會發生在犬隻，在人類身上亦然。**消除這種無力感最好的方法，就是讓當事人體會到行動與結果之間確有其關聯性。**

然而，不用努力也能拿到分數的簡單測試並不能提升動力。必須要使其由衷感受到能藉由自身行動來改變結果。例如，讓孩子透過學習，解開原本覺得有一點困難的題目。

以記憶為例，最簡單的方法是讓孩子記住一樣新東西，並找到機會好好利用。

152

第 4 章　記憶的習慣

告訴孩子頭腦好壞並不是天生的，而是能透過努力與學習產生變化。接著再傳授孩子如何記憶、如何學習新事物的方法，讓學習動機難以提升的孩子也開始變得願意學習。

當孩子確切感受到學習與記憶的意義，也就是其與成果之間的關聯性時，便能消除學習的無力感。

← 這裡改變了！

Before
指示孩子或下屬該做什麼事。

After
一開始先給予孩子或下屬一些獎賞或設定期限，視狀況將其引導至內在動機。

153

第 5 章

讓記憶成為盟友的生活方式

5-1 記憶的黃金時段

據說2045年時，人類的平均壽命將會超過一百歲，「百歲世代」終將成為現實。

而人生越長，與「記憶」相處的時間也就越長。

此外，活得越久，接觸到新事物的機會也就更多。

我認為，遇到新事物時能否確切理解，將其變成自己的東西，是能否活得更好的重要關鍵。

如果在遇見新事物之際，未加以理解而放置不管，那會怎麼樣呢？當更多新的事物由此衍生而出時，便會感到「似乎不是很懂……」，無法理解的事物也開始漸漸增加。

第 5 章 讓記憶成為盟友的生活方式

例如，比起早期就學習使用電腦的人，覺得「我不懂電腦」便避而遠之的人，恐怕會失去在社會上活躍發展的機會。在電腦剛開始被使用時，就算不會用電腦也沒什麼問題，但這卻對於能否跟上後續社會的變化有著偌大影響。

另一方面，即便從工作崗位退下，對於新事物抱持興趣並勇於挑戰的姿態，則顯得熠熠生輝。無論年齡為何，只要眼界開闊便精采可期。

如此一來，**最理想的狀況應該是要能在生活中自然地「提升記憶力」**，而非只有在特定時間點，才將記憶的技巧拿出來運用。

因此，本章將帶領大家一起發掘「讓記憶力提升的生活方式」。

首先，人在什麼時候最容易記住東西呢？

在各個不同時間點測試老鼠長期記憶的研究指出，是活動初期；而對人類來說，**早上剛起床時的狀態最容易記住東西**。請大家記得，早晨是記憶的絕佳時機。

那麼，睡眠與記憶的關係又如何呢？

在這方面也有許多相關的研究，目前已知睡眠對記憶而言是十分重要的因素。

157

Evidence

有一項實驗比較了早上九點記住的事情，在經過無睡眠的12小時後與經過睡眠的24小時後的差別。

結果顯示，中間有睡眠的組別正答率比無睡眠的組別高出20％。

此外，對可言傳記憶的附著而言，即便是1、2個小時的短暫睡眠也有一定程度的幫助。

由這些實驗可知，考試前熬夜抱佛腳的效率並不佳。因此，無論時間再怎麼緊迫，**為了讓記憶附著，就算只能睡1個小時都好**。

結論就是，若同時考量到分散效果，可以養成早上起床與睡前記憶的習慣，持之以恆就能使記憶變得更有效率。

◉ Point

記憶的黃金時段為早上。考慮到分散效果，則可在早上和睡前記憶。

5-2 提升記憶力的飲食

接著來認識飲食與記憶的關係。

一則果蠅的研究指出，適度的空腹對長期記憶的形成較有幫助；飽腹或者過度空腹的狀態則會造成反效果。因此，可以**利用輕度空腹的時間點來進行記憶**。

以飲食而言，營養素也非常重要。

說到提升記憶力的營養素，眾所周知的即是DHA。許多人應該都聽說過「想要提升記憶力，就應該多吃DHA含量豐富的青魚」。我記得小時候也曾聽過這一說法，並且對其是否為真感到疑惑。

有實驗便針對DHA的效果做了研究。

Evidence

該實驗讓老鼠進行迷宮學習。經過無數次反覆學習後，比起服用一般脂肪的老鼠，服用DHA的老鼠在學習成效方面提升了兩倍左右。以人類為研究對象的實驗也顯示，DHA確有其效果。

另一方面，其實除了DHA之外，提升記憶力的營養素還有很多。因此，最重要的是平時就要維持飲食的均衡。

據說在眾多營養素當中，B1對於神經運作有著特別重要的影響力。第2章曾提及海馬迴對於記憶的重要性，目前已知若**缺乏維他命B1，將造成海馬**

第5章 讓記憶成為盟友的生活方式

迴的活動異常，導致記憶完全無法形成。

以下實驗也是使用老鼠作為研究對象。

Evidence

缺乏維他命B1的老鼠會出現海馬迴活動異常的現象，使之無法產生新的記憶。此後即便給予維他命B1，矯正其匱乏狀態，海馬迴的異常仍舊無法恢復。

缺乏維他命B1不只將導致暫時性的記憶力受損，更將對記憶力造成長期性的傷害，故B1為不可或缺的營養素。

豬肉、芝麻、大豆、紅豆、糙米等皆含有維他命B1。請確實攝取以避免營養素不足的狀況。

◉ **Point**

除了DHA，維他命B1也是對記憶力相當重要的營養素。

5-3 靠低強度運動來提升記憶力

神經元對於記憶，甚至是對於大腦整體機能的重要性不言而喻。目前已知神經元增生僅發生在孩童時期，長大成人後，其數量基本上不會再增加。相較於其他不斷更新的身體細胞，例如皮膚的更新為一個月、肌肉為一年、骨頭則為三年等，人腦的神經細胞，也就是神經元，卻是從幼年時期就開始工作至今。

然而，對記憶至關重要的海馬迴卻是特例，即便成人以後，海馬迴的神經元仍會持續增生，使舊細胞得以被取代。而這些新生的神經元與記憶的附著亦有關聯。

有研究結果顯示，對記憶十分重要的新生神經元細胞雖會因老化而減少數量，卻能藉由運動使新生細胞數量增加。

第 5 章　讓記憶成為盟友的生活方式

也就是說，因為老化而造成的記憶力衰退可藉由運動來彌補。

不需要令人疲勞不堪的高強度運動，只要進行任何人皆可做到的健走等簡單運動，即可產生成效。

我們在第 3 章時詳細介紹了各種有效的記憶方法，但其實只要靠著簡單的運動活化製造神經元的細胞，也能輕輕鬆鬆地提升記憶力。

◉ Point
憑藉健走等低強度運動來彌補記憶力的衰退。

5-4 「年紀大了記憶力就會衰退」是真的嗎？

認為「年紀大了記憶力就會衰退」的人應該不在少數。除去因失智症等疾病而引起的記憶障礙，即便是在健康無虞的情況下，一般人仍普遍認為「老化＝記憶力衰退」。

但這是真的嗎？讓我們透過研究結果來了解年齡與記憶的關係吧。

● **回想能力降低**

首先來看看回想能力。以下介紹一項實驗。

第 5 章　讓記憶成為盟友的生活方式

Evidence

該實驗將受試者依據年齡分組，並比較各組的記憶能力。首先，受試者會被要求記下一組單字列表。而後，受試者會接受兩項測試以進行記憶評估。第一項測試為辨識考題，受試者會得到兩組單字列表，並接著判斷哪一組單字表內的單字也曾出現在剛才背過的單字表中。另一項測試則為默背考題，也就是將剛才背過的單字按照順序寫出來。

結果顯示，默背考題的成績會隨著年齡上升而下降，但辨識考題的分數卻幾乎未隨著年齡上升而有任何變化。

除了上述實驗之外，科學家還進行了好幾項相似的實驗。具體的數據雖略有不同，但結果皆顯示，比起默背考題，辨識考題在各年齡層間的差距較小。被問到剛剛背過的單字是否出現在此列表當中時，大家都能回答得出來。也就是說，記憶本身是成立的。

然而，年紀較大的受試者在被要求寫出剛剛背過的單字時，卻會開始想不出來。知道這一點後，就可以在記憶時採取不同策略。

辨識考題沒有明顯的變化，默寫考題的成績卻變差的理由，據說是因為**與年輕族群相比，記憶時能自動生成提示來幫助回想的能力衰退了。**

這一點可以透過記憶時的流程來彌補。採用易於回想的方式記憶，或者進行回想訓練都很重要。請活用第3章的步驟①「決定記憶標的物」與步驟④「適時地回想」。

此外，記憶過的事物隨著年歲漸長而增多，這一點也能成為優勢。不再是單純地把東西記起來，而是利用已經記住的東西來幫助記憶。

在剛才的實驗當中，由於記憶對象僅是單字列表，因此沒有太多發揮的空間。但在現實生活中，當需要記住新東西的時候，可以試著將之與自己已經記住的東西做連結，或將之與既有的記憶組合起來幫助理解，藉此補足年齡增長導致的衰退。

166

第 5 章　讓記憶成為盟友的生活方式

● 短期記憶力衰退

目前已知老化所帶來的另一個影響，是短期記憶力的衰退。方才提及的例子是關於長期記憶，而針對短期記憶亦有相關研究。

Evidence

測試內容為複誦先前展示過的單字列表，並依據年齡進行可複誦單字數量的比較；50多歲以下的人可複誦的單字數量為 6.5～7 個左右，60多歲與70多歲的人則為 5.5 個左右。也就是說，短期記憶力會隨著年齡增加而衰退。

一般認為短期記憶可維持 7±2 個組塊數。根據上述實驗，20歲到50多歲之間的族群，幾乎沒有因為年齡差距而出現變化，但60多歲、70多歲的族群，則會減少 1 個左右的組塊數。

然而即便如此，實驗與現實生活的狀況仍有出入。實驗中要求受試者將羅列的單字默背起來，但現實生活當中卻少有需要記憶大量單字的時候。

確切來說，現實生活所處理的資訊多半更為複雜。而此時，比起能處理的組塊數量的微小差距，以何種單位劃分記憶才是重點。

短期記憶的容量取決於一個組塊數所能處理的精細程度再乘上組塊數量。

也就是說，為了提升短期記憶力，必須先增加原本的記憶量，擴增以一個組塊就能進行處理的訊息種類。活得越久記憶量自然就會越多，這已不必多加解釋，因此切記要好好運用這項優勢。

● **時間感的變化**

撇除純粹的記憶力影響，其他因素也可能讓人誤以為自己的記憶力降低。也就是說，相較於記憶力實際上的真正變化，是心理上更大程度地感受到「記憶力下降了」。

其中一個原因便是時間感的差異。

小朋友在學校讀書的時候，學習範圍常以一個月為界，這個月過完下個月又會有新的範圍……一個月、兩個月，最長也就是以一學期作為區分。然而，出社會之後，需要花費更多時間在同一項目的狀況增加。以工作來說，一個計畫耗時數個月或甚至一年都有可能。

和上學時相比，因為花費在單一項目上的時間越來越多，需要維持記憶的時間也就越來越長。

對30歲的人來說，半年大概是人生的1／60，但對10歲的孩子來說，卻是人生的1／20，足足差了三倍之多。對大人來說半年前可能是「之前」，但對孩子來說，半年前卻感覺像是「好久以前」。

孩子本身會不斷長大，加上重新編班等周圍環境改變的因素，小學三年級的孩子回想起二年級的事情時，會感覺時間好像已經過了很久。

相較之下，大人的生活環境通常在半年之內不會有太大變化，半年前和現在可能都做著一樣的事情，因此半年前也彷彿就是沒多久以前。

像這樣因為自身時間感的變化，使時長相同感受卻不同，導致產生了「不久前的事情卻想不起來」的感受。

此外，能用來學習的時間減少也是影響因素之一。

在出社會以前，一整天泰半的時間約莫都能拿來學習，可用來記憶新事物的時間十分充足。

然而，成為社會人士以後，工作、家事、育兒等，不得不去做的事情不斷增加；能用來記憶新事物、維持記憶的時間卻變少了。這可能也是我們感覺自己記憶力衰退的原因。

● **訊息內容的變化**

另外一個可能的原因則是，需要處理的訊息內容改變了。簡單來說，大人接觸到的訊息量就是比孩童時期還要來得更多。

170

第 5 章　讓記憶成為盟友的生活方式

在學生時代，重新編班後，就算沒辦法馬上記住同班同學的長相或名字也沒關係，反正每天都會見面，慢慢記起來就可以了。

但是，在工作場合遇到的人，常常下一次見面可能已經是一兩個星期以後。除非不時地回想那個人是誰，否則記憶自然難以附著。

此外，成年後接觸到的人群數量也會增加。學生時代能接觸到的對象基本上就是同班同學或者社團夥伴，大部分時間都會與相同的人一起度過。然而，工作上卻必須記得一年只見不到幾次的對象長相和名字。

除了能花在記憶上的時間縮短，需要記住的事項也有所增加，使得「記憶力衰退」的感受更加強烈。

若是需要處理的訊息尚未被系統化，也會導致難以記憶。

在學校所學習的內容都已經過系統化的整理，就算有無法理解的地方，也有能替我們指出盲點提供協助的老師。學習新知的道路可說是暢行無阻。

相較之下，出社會後想學習新事物卻是完全不同的情況。如果是資格考試等，或許還能取得系統化的教材、尋求專業人士的協助，但其他大部分時候，所獲取的都是未經系統化的訊息，只能靠自己一邊摸索想著「應該是這樣吧」，一邊囫圇吞棗地前行。

也因此才會產生「沒學到什麼東西」、「難以融會貫通」的感受，甚至陷入學習無力感的漩渦當中。

● 心理因素的影響

伴隨年齡出現的記憶力衰退與心理因素也有關係，下列就為大家介紹這麼一則實驗。

Evidence

進行單字表記憶實驗之前，先對其中一組受試者說「這項實驗是為了證實老化會導致記憶力衰退」，對另外一組則說「這項實驗是為了調查大家的語言處理能

172

第5章 讓記憶成為盟友的生活方式

力」，之後再請受試者們記住單字列表，並於接下來的測試中判斷某單字剛剛是否曾經出現過。

若測試的單字沒有出現在一開始的單字列表中，則受試者應回答：「沒有。」比較兩組的結果，第一個組別中的高齡受試者正答率約為30%，而第二組的高齡受試者為50%。

此外，兩組年輕受試者之間的正答率則不變，皆為50%，被告知該實驗僅為「語言處理能力測試」的高齡受試者也取得了與年輕人不相上下的成績。

原先的測試結果在各年齡層間應無差異，但當高齡人士被告知「老化會導致記憶力衰退」時，正答率竟下降了20%之多。

除了這項研究結果之外，**人們也會因為各式各樣的心理因素或偏見，導致表現出現大幅改變。**

有句話說：「什麼時候開始都不嫌晚。」在學習或記憶新事物時，相信自己還有能力這麼做是非常重要的。

如果因為心理因素而導致真正的實力無法發揮，豈不是太可惜了。希望大家都能擺脫心理因素，將自己的力量發揮到淋漓盡致。

◉ Point

記憶力確實有因年長而衰退的部分，但是也能夠活用因為年長而帶來的優勢。

第 5 章　讓記憶成為盟友的生活方式

5-5

壓力對記憶的影響

接下來為大家說明壓力與疲勞如何劇烈地影響記憶。下列實驗指出，慢性壓力將對記憶造成傷害。

Evidence

首先讓老鼠們熟悉迷宮，並記住通往終點的路徑。而後，將具有攻擊性的凶狠老鼠也放入迷宮當中。比較會遇到凶狠老鼠且不得不與之決鬥的老鼠，以及不會遇到凶狠老鼠而能直抵終點的老鼠後發現，經常會遇到凶狠老鼠的那組老鼠，漸漸忘記了能夠通往終點而逃出迷宮的路徑。

無論會不會與凶狠老鼠相遇，兩組老鼠原本應該都已經熟悉迷宮的路線，但凶

狠老鼠卻導致其中一組老鼠的記憶無法順利附著。原因是海馬迴中的神經遭受到新事件的傷害。

活著就無法避免壓力，但壓力也未必就是負面的。記憶甚至也能因為壓力而附著。又例如說，截止期限也可能是一種壓力，不過有時正是因為有時間限制才會誘發出好表現。

然而，**慢性壓力對記憶與認知活動所帶來的負面影響也是不爭的事實。**日常生活中的壓力若只是暫時且尚可控制的，則不會有太大問題，但最好還是不時地回顧確認自己並未暴露在無法控制的長期慢性壓力當中。如何處理這樣的壓力，對於防止記憶力衰退來說也是至關重要。

⊙ Point

慢性壓力將使記憶力衰退。

第 6 章

記憶工具能解決所有問題嗎!?

6-1

交給工具的任務以及只有人類能完成的任務

以前通勤的人口較多，能利用搭電車或公車的零碎時間來學習。然而伴隨新型冠狀病毒的疫情擴大，工作方式也出現了改變。遠距工作開始盛行後，有一週只需通勤一兩天，也有完全不需要通勤的人。

此外，因為有了智慧型手機，現在無論何時都能瀏覽社群軟體、玩遊戲，使得早上剛起床後及睡前的短暫時間也都被浪費於此。

換言之，由於科技的進步與生活型態的改變，過去人們所擁有的零碎時間正在消失當中。

不過相反地，我們能控制的時間也增加了。若能活用節省下來的時間以及具有功能性的智慧型手機，便能更有效率地記憶。

178

第 6 章　記憶工具能解決所有問題嗎？！

● **工具與人之間的分工合作**

而且活用這些工具也能幫助我們達成本書所介紹的記憶的習慣化。

第 6 章就是要向大家解說如何活用這些工具以提升記憶的效率。

欲活用工具時，首要之務便是必須釐清「哪些事情應該交給工具」、「對於工具可以有什麼樣的期待」。

讓我們來複習一下記憶的步驟：決定記憶標的物、開始記憶、維持記憶狀態以及適時地回想，總共有這四個步驟。

在這個流程之中，**工具能幫助我們建立記憶以及維持記憶狀態。**

那麼，能滿足這些記憶需求的工具應該符合哪些條件呢？

● 條件（1）能妥善管理記憶標的物

第一點就是「能妥善管理記憶標的物」。

中學一年級的學生在開始背英文單字的時候，首先便是要記住應該背哪些單字。這個例子雖然可能有點極端，但總而言之，有條不紊地管理好欲記憶的物是十分重要的。

另外，這些工具也要能標示出記憶標的物。例如，很多人都會使用整理成書的單字本，此時就可以善用書籤，把自己想背的單字位置標示出來，想找的時候馬上就能找到。

你可能會想：「就這樣？」、「這不是廢話嗎？」但是為了在5分鐘、10分鐘左右的零碎時間內完成高品質的記憶活動，很關鍵的一點就是要能夠馬上開始進行記憶的動作。如果每次都要回想：「上次是背到哪裡啊？」那麼可能最後又得從書本的最前面重新開始。

180

條件（2） 30秒以內就能開始

希望大家能避免了浪費了寶貴時間卻沒有獲取新知識，或甚至在能專心記憶以前就時間終了的情況。

在進行記憶的習慣化之際，必須盡可能地減少動作開始前的負荷。因此，第二個條件也是不能輕忽的一點，就是要「**無論何時都能開始**」。

想學習、想記憶的時候，無論身處何種情境都能馬上開始尤為重要。如前所述，為了活用分散效果，即使是1、2分鐘的零碎時間也彌足珍貴。

想利用零碎時間學習，到哪裡都能攜帶的工具就很重要。比起厚重的書本或電腦，小巧的單字本或者智慧型手機都是更容易使用的工具。

此外，若從何種環境都能使用的角度來看，不依賴網路也能運行的IT產品應該會是更佳的選擇。

從產生意圖的瞬間到真正開始學習所需的時間是致勝的關鍵。據說，**想念書的瞬間在經過30秒後，這樣的衝動便會消失**。

好不容易有了學習的衝動，但打開工具卻得花上一些時間，光是這樣動力就已經有所減損。

為了維持動力，依靠有限的意志力並非上上之策。而且一邊克制「好麻煩」的念頭，一邊將記憶習慣化，也不是有效率的做法。

假設你已經決定要在早上起床後和睡前進行記憶，那麼我建議不妨測試一下，你所使用的工具是否能在產生學習意圖的30秒以內為你開啟學習的動作。這裡指的並非單純將單字本或筆記本打開，請確認自己是否真的已經開始學習。

若你需要30秒以上的時間，那麼請進一步思考該如何改善，例如更換工具擺放的位置，或者想辦法快速地從單字本找出想背的部分等。

條件（3）無論何時都能中斷

與何時都能開始一樣重要的，就是「無論何時都能中斷」。這點可能常常被大家忽略，但事實上它的重要性和「無論何時都能開始」幾乎不分軒輊。開始後無法在5分鐘之內結束的話，就無法輕鬆地使用零碎時間。辛苦地隨身攜帶的工具，卻因為結束太花時間而成為累贅。

請使用即便是搭電車一站的時間，也能立即開始與結束，使用起來輕鬆流暢的工具吧。

條件（4）能立即確認對錯

最後一個重要條件就是，「工具本身可以用來出題，而且作答後能夠馬上確認對錯」。

之前也曾提及，不只是閱讀想記住的東西，兼具問題作答的模式更能激發考試效果與產出效果，所以非常地重要。

只要能針對問題進行回答，無論問答形式為何都沒有關係。例如在單字本的頁面寫上問題，並在背面寫上解答，回答後就能馬上確認；或者在問題下方以紅筆寫著解答，用紅色的透明紙將其蓋住，這樣就能自己作答等。當然，也有回答問題後能馬上確認正解與否的APP。

只刊載問題，必須翻看別本冊子才能找到正解的工具，對記憶的幫助不大。

總而言之，可出題、可答題，並且可以在答題之後馬上確認對錯，是至為重要的條件。

◉ Point

請選用滿足四項條件的記憶工具。

第 6 章　記憶工具能解決所有問題嗎？！

6-2 提高閃卡效能的使用方法

為了記憶所發展出的工具，歷史悠久且取得最方便的就是閃卡（單字卡）了。

我小時候也買過一疊一疊的閃卡來製作自己的單字本。

現今雖有為數眾多的閃卡 APP，但使用傳統的實體閃卡仍舊有其優點。

● **閃卡的優點**

首先最大的優點便是，**版面安排擁有極高的自由度**。因為是自己寫在紙上的簡單形式，所以出題與回答的方式皆可自行決定，想怎麼使用完全操之在己。

APP 的出題與回答方式多半有其限制，因此若想自由創造使用方式，可能只有實體閃卡才辦得到。

185

第二點則是，**自己動手做的過程對記憶也能有所幫助**。許多人應該都曾有在動手做的過程中成功記憶的經驗。製作本身就是一種自主輸出，因此從動手做的階段開始，就能在記憶上發揮功效。

此外，我們也可以在不能攜帶電子產品的場所使用閃卡輕鬆學習，這對一部分人來說可能也是一大優點。

◉ **提高效能的五個訣竅**

接著讓我們來看看如何提高閃卡的效能。

◆ **1：整理成適當的分量**

首先要注意的是，將閃卡整理成適當的分量。

想一口氣背完100張閃卡，這似乎難以實現吧。而且也有一次製作完大量的閃卡後，就對此感到自我滿足的可能性。要將閃卡分量控制在適當的範圍內，其

第 6 章 記憶工具能解決所有問題嗎？！

實比想像中還要來得困難。

具體來說，要記憶較長的文句時建議不超過 10 個，若是單字等簡單事物或者少量訊息，則以不超過 20 個左右為目標。

◆ 2…分開管理已經記住與尚未記住的項目

接著必須注意的是，應區分已經記住與尚未記住的項目。

例如，將 20 個英文單字整理出來做成閃卡，利用閒暇時間努力背誦幾次過後，便會出現已經記住與完全記不住的單字。

此時的管理方法請參考下頁圖片，將目前已記住的單字移動到另一疊閃卡；3 天後再進行確認，若發現其實尚未記住，則將單字移回仍在記憶中的那疊閃卡；3 天後若未忘記，則再將單字移動到另一疊，並且每週確認一次。若每週確認後仍未忘記，便可將該閃卡收到抽屜裡頭。

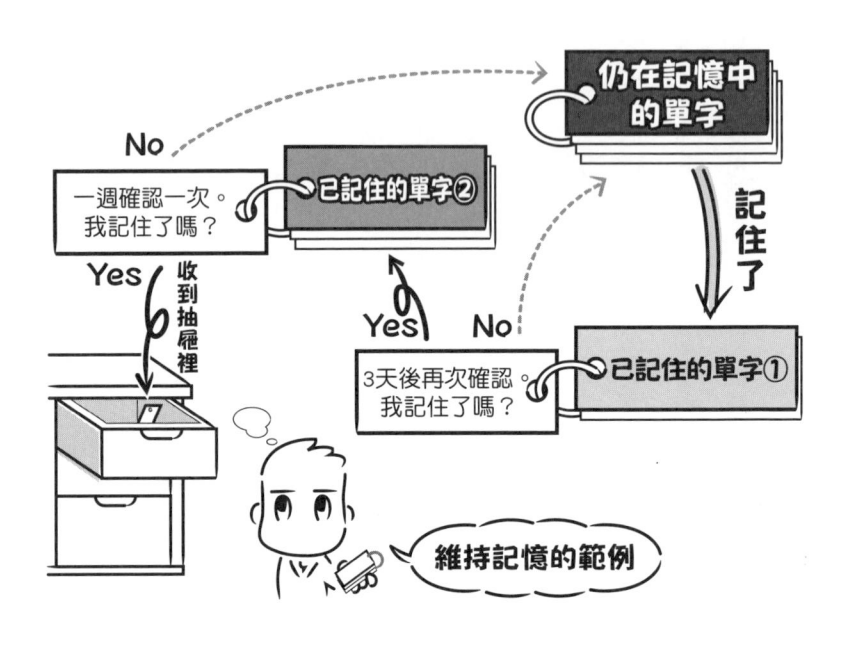

```
                        ┌─────────────┐
              No        │  仍在記憶中  │
         ┌─ ─ ─ ─ ─ ─ ─ ┤    的單字    │
         │              └──────┬──────┘
    ┌────┴─────┐               │ 記
    │一週確認一次│ ┌─────────┐  │ 住
    │我記住了嗎？├─┤已記住的 │  │ 了
    └────┬─────┘ │ 單字②   │  │
       Yes      └────┬────┘  ▼
         │         Yes  No ┌──────────┐
         │      ┌─────┴────┤已記住的  │
    收到抽屜裡   │3天後再次確認│ 單字①   │
         ▼      │我記住了嗎？ └──────────┘
      ┌────┐   └──────────┘
      │ 7  │
      └────┘
              (維持記憶的範例)
```

已經記住與尚未記住的單字若混雜在同一疊閃卡當中，則效率較為不佳。

不過就算現在記住了，隨著時間流逝而忘記的可能性也很高，因此應避免在記住之後馬上將該閃卡移除。創造一段時間過後能再次確認的機會，對維持記憶狀態來說非常重要。

也許你會覺得像這樣把閃卡分成好幾疊來管理有些麻煩，但為了維持記憶，花點力氣也可說是有其價值。

◆ 3：定期洗牌

使用閃卡時還有一個特別需要注意的地方就是，小心不要將順序固定住。在先前介紹位置效果的時候，提到最初和最後的項目是最容易被記住的。但順序若被固定住了，就容易使順序本身變成一種提示，例如「apple 的下一個是 lemon」，導致我們產生已經記住了的錯覺。所以記得**要定期洗牌，避免按照順序**記憶。

◆ 4：寫上提示

為了盡可能活用記憶的最大特徵——也就是考試效果與產出效果，請在製作單字本時加上提示吧。

看見閃卡正面的中文卻想不起來英文，只能翻到背面來查看英文答案，這樣就無法發揮考試效果與產出效果。因此請再追加一張提示的閃卡，讓兩張成為一組。

◆ 5：以輸出的形式回答問題

第一張閃卡的正面寫上題目，背面寫上提示1，第二張的正面則寫上提示2，背面再寫上答案。若看見題目就知道答案，即可接著確認第二張的背面；若無法馬上回答出來，那麼就查看第一張背面的提示1，如果還是不知道答案，就再看一下提示2。

或者也可以使用以紅筆寫上提示再將之隱藏的方法。

無論是何種方法，只要**能夠彈性地調整難易度**，就能更有效率地記住東西。

最後的重點則在於，是否使用了輸出的形式來回答問題。

雖然已經重複提及好幾次了，但對於記憶而言，輸出真的很重要。只在腦袋中回想起來是不夠的，必須要用發聲或者書寫等形式進行輸出才可以。

藉由輸出，不僅有發揮產出效果、促進記憶的優點，親身書寫文字或發聲的動作也能成為一種提示，使我們更容易回想起記憶標的物。

此外，就算覺得自己已經想起來了，其實也無法確認腦袋中的記憶是否正確無誤。大腦先入為主的能力很強，有時即便無法確切回憶起細節，也會產生「想起來了」的錯覺，這點應該特別注意。

進行輸出時可以書寫在實體的紙張、筆記本上，或者使用平板電腦等電子產品還能兼顧環保。不妨將這些東西與閃卡一起攜帶，作為輸出時的工具。

⊙ Point
只要把握這五點，傳統的閃卡也能發揮作用。

6-3 最新的記憶APP能辦到哪些事情？

接下來為大家介紹能讓記憶活動更加順暢的APP。

有許多APP只是單純將實體閃卡數位化，但Monoxer卻是一款為了讓記憶更有效附著而開發出來的APP。其他還有像是Anki或者Quizlet等的軟體與服務。

若覺得使用閃卡的五項要點不易達成，不如就試試看APP吧。

● **活用APP來記憶的四個優點**

使用APP最大的優點就是，只要一機在手，隨時都能夠使用。比起需要隨身攜帶閃卡或者確認用的筆記本，只需要手機這一點，確實方便許多。

第 6 章　記憶工具能解決所有問題嗎？！

此外，**能夠高速重複也是APP獨到的魅力之一**。使用單字本等工具時，判斷答案的對錯需要數秒不等的時間。以一個問題一秒來計算，累積起來也相當可觀。

在Monoxer的使用者中，有些人已經學習超過10萬次，若確認一個答案需要一秒鐘的時間，那就表示得花上27個小時。作答數如此之多的情況下，能辦到輕鬆應答、瞬間確認的，恐怕也只有APP了。

使用APP後，被浪費的時間減少，節省下來的時間又能增加學習機會，而重複學習越多次，就又能進步得更快。

APP的第三個優點則是，**相較於實體閃卡只能依賴視覺，APP卻還能同時利用聽覺**。許多APP，特別是語言學習用的APP，大多有確認發音的功能。不只眼睛，當耳朵也能用來接收訊息時，標的物就更容易被連結並記住，而且與聽覺相關的記憶對於語言學習的聽力與口說部分也是不可或缺。

具體範例之一如下：在運用Monoxer記憶單字時，使用者不僅能活用聲音來記憶，利用聽寫教材來進行英文聽寫練習的使用者也不在少數。

193

重複聽寫練習將使大腦記住發音，聽力因而提升；此外，記住發音對於口說而言也相當重要。如上所述，針對這些活用聲音的記憶，APP 便彰顯出了紙本閃卡所沒有的價值。

最後一個 APP 的優點則是，**能替使用者建立學習的計畫。**是否強調計畫功能因 APP 而異，但每個人要記住某項事物的難易度不同，也很難預測真正記住需要花上多少時間。若有 APP 能協助我們擬定單憑一己之力難以建立的縝密計畫，那豈不是幫了大忙。

小學、中學和高中時，可能會有補習班或家教老師替我們擬定大致的計畫。若 APP 能擔當此任務，那麼無論是誰都能建立適當的學習計畫。何時要開始學習新的東西、何時要開始複習等，能夠貼合個人需求制定精密計畫，就是 APP 的最大優勢。

特別是在擬定考試策略時，若沒有相關知識便很難妥善地安排，例如：考前應該按照何種步調學習、應該要劃分多少時間與精力去重拾忘掉的部分。

194

第 6 章　記憶工具能解決所有問題嗎？！

我認為參考了各種數據，且能從記憶的角度出發建立良好計畫的 APP，將可讓我們發揮出人類所無法創造的價值。

● 選擇 APP 的方法

那麼接下來就是到底該使用哪一款 APP 的問題了，老實告訴大家，我也沒有明確的答案。「最好使用適合自己的 APP」，聽起來好像有點模稜兩可，但還是請大家試用看看各種 APP，再從中挑選最適合自己的一款吧。

當然，由我們所開發的 Monoxer，也有很多值得推薦的地方。許多 APP 的發想多來自於「將紙本的學習活動數位化」或者「將實體閃卡 APP 化」，但 Monoxer 卻是著眼於記憶的特徵，以讓記憶的流程最佳化作為目標進行開發。

除了將考試效果、產出效果與分散效果最大化的設計外，Monoxer 還能針對尚未記住的部分重點出題並預防遺忘，也會依據使用者狀況改變出題頻率，以及自動調整難易度。

Monoxer 會根據學習者本身記憶的累積狀況來調整運作模式，所以使用得越久，就越能貼合學習者進行出題，這正是其一大特徵。

就記憶效率與學習續航力而言，我敢非常有自信地說：「Monoxer 應該無人能出其右。」

然而，無論 APP 的效率有多好，能提供多少支援，只要學習停擺就沒有意義。因此最重要的是，**在使用這些 APP 進行學習後，是否能提升學習動能**。有些人會因為看到學習進度的視覺化圖表，而感覺到明天還要再繼續努力；有些人則會受到 APP 內的可愛角色鼓舞，於是更期待開啟 APP 進行學習。

我認為最好的方法還是親自使用過後，挑選最能幫助自己持續下去的工具。

◉ APP 的弱點

在挑選最適合自己的 APP 時，也必須考量到 APP 的缺點。

APP 相較於紙本工具，最大的缺點就是版面設計與回答的自由度較低。畢

第 6 章 記憶工具能解決所有問題嗎？！

竟根據原本的設計，真的只能拿來背英文單字的ＡＰＰ也不少。

但Monoxer除了英文單字外，還能應對歷史文章、漢字與數學公式等多種類型。這些我們投入心血提供支援的領域，幾乎在各種情況的表現皆優於紙本工具。

然而，當被問到Monoxer是否面對任何記憶標的物都是最佳解時，確實我們也有尚能改進的地方。

若學習的標的物為專門性極高的領域或者原創性極強的項目，那麼比起我們這些ＡＰＰ開發者，使用者本身可能對此更加了解。針對這樣的領域，尋求能依據該領域特性進行記憶支援的工具或者創建紙本，也可能會是更好的方法。

⊙ **Point**

若想省下管理記憶的時間，推薦大家使用ＡＰＰ。

6-4 導入記憶工具後 組織內所產生的驚人效果

導入記憶工具的學校或補習班,都有著什麼樣的成果呢?讓我來介紹導入Monoxer後的校園實例。

Monoxer已被導入補習班、小學、中學、高中、職業學校、大學、語言學校與一般企業等各式各樣的學習環境,提供大家學習上的記憶支援。

● **不傷及自我認同又能習得知識**

21世紀的學習,追求的是邏輯思考與解決問題的能力。因此,除了傳統上傳授知識的課程外,引導學生找出問題並以邏輯思考方式解決問題的主動學習(active learning)課程也隨之增加。

第 6 章 記憶工具能解決所有問題嗎？！

東京都中野區寶仙學園小學的 ICT 教育研究主任吉金佳能老師認為，這樣嶄新的學習方式無疑必須建立在豐富的知識與技能的基礎上。

然而，若將有限的課堂時間花費在習得知識與技能，那麼能投注在主動學習的時間便會減少。針對一般基礎的學習，過去都是使用紙本講義而容易有內容僵化的問題，無法依據每個孩子的理解程度做出改變。

此外，「寫了就會記得」這種衍生自教師直覺與經驗的學習方法，常會引發學生明明已經記住了卻被叮嚀要多寫的情形，或者相反地，按照老師的吩咐寫了好幾次卻依然記不住的狀況。這也是孩童自我認同降低的主要因素之一。

該校因此於 2019 年決定導入 Monoxer，讓三年級的學生先開始使用。舉例來說，在自然課觀察到了幾種浮游生物後，使用 Monoxer 反覆回答多種浮游生物相關的問題。最終，學生在滿分 100 分的測驗中，得到了平均 96.3 的高分。

在使用者選擇了想要學習的項目後，Monoxer 就能以各式各樣的方式出題，包括選擇題及其提示、自由輸入、手寫等。此外，還會根據使用者狀況自動調整難易度，讓記憶變得更有效率。

吉金老師表示：「Monoxer 成為學習的一個選項後，原本不擅長記憶的孩子得到了支持，自我認同感不再低落，也開始能志在學習。」同時校方也逐步將 Monoxer 推廣到其他年級與其他科目上。

● 平均每人每月答題數為 4000 題，合格率隨之上升

東京都墨田區的一所完全中學——安田中學，為了幫助學生培養學習習慣並協助英語學習，於 2020 年 3 月決定導入 Monoxer。在做出這項決策的同一時期，校園因新冠肺炎疫情而關閉，使得施用日程出乎意料地被提前。

校園關閉期間，五門科目皆改為線上授課，剩下的時間就請學生用 Monoxer 進行英文的重點學習。校方從英語的四個面向提供協助，目標是希望所有學生都能夠達到通過英檢 1 級的程度。

Monoxer 不只有單字與文法，還能進行其他教材難以靈活出題的聽寫測試，讓

第 6 章 記憶工具能解決所有問題嗎？！

學生得以全面地學習。此外，在英檢方面，往常教師為了活用英檢相關教材，必須特意花時間製作講義，現在只要利用Monoxer就能取代以前的英語小考，評分也更加省時不費力。

由於英語以外其他科目的教師也希望能利用Monoxer，後續我們增添了古文、漢字、現代詞彙、世界史、日本史等科目的獨立出題來提供學生使用。

該方法是由老師決定作業完成的時間，再利用學習計畫功能發布給學生。這項學習計畫功能會考察個別學生的學習進度、記憶狀況與遺忘速度，據此自動設計出學習計畫後向學生發送內容。老師可以確認每個學生的進度並與之會談。此外，除了統一發布內容外，也可以給予學生個別評語；若想與單一學生聯絡時亦可活用Monoxer，同時巧妙增加學生打開Monoxer的機會。

2020年6月校園重新開放後，校方仍繼續使用Monoxer，於4月到7月期間，全校學生（包含中學、高中）共計約1700人的總學習次數達到了130萬次以上。若計算每位學生的平均答題數，則相當於每月作答4000題。

到了2021年1月，中學二年級的學生當中，已有班級的英檢3級合格率從前一年的59％上升至93％；高中二年級也有班級的2級合格率從34％上升到了80％，由此可見Monoxer已成為支援教師授課的工具之一。

● **學生重拾自信，積極挑戰英檢**

誠惠高中是位於靜岡縣沼津市的私立高中，分為普通班、升學班、資訊處理科以及藝術科。校方曾舉辦一項計畫，讓志在考上東京大學的該校學生接受東大在學生的指導協助，當時參與計畫的東大生中，有人推薦了Monoxer作為幫助學習的APP。

參與計畫的11名該校學生率先使用了Monoxer，而後在2020年4月，以全面置換紙本學習講義的方式推廣至全校師生。

起初Monoxer的使用熱度有高有低，但因發送內容不僅限於教科書主題，也包含人氣動漫或者鐵路便當等日常知識小問答，外加發布定期考試的練習題等等，大大增加了學生打開APP的機會。

第 6 章　記憶工具能解決所有問題嗎？！

該學校還會於午休結束前15分鐘使用 Monoxer 進行基礎學習。特意選擇這種昏昏欲睡的時段，是因為每個循環從開始到結束只需要3分鐘的時間，且作答後能馬上確認答案，讓學生可以在感到不耐煩前就完成一個循環。如此不斷持續做題，學生睡意漸淡，也就越能集中學習。

導入的成果之一，就是參加英檢考試的學生大幅增加。該校原本有一些學生從中學開始就自認不擅長英語而不願積極學習，只有大約30名自認喜歡英語的學生願意接受英檢考試。因此，在針對英檢5級與4級程度的詞彙出題後，起初英語程度欠佳的學生也慢慢能達到八、九成的高正答率，使其信心油然而生。最終，新年度接受英檢考試的人數不僅翻倍達到了80人左右，合格率也逐步上升。

之前對學習感到灰心的學生也因為看到以圓餅圖呈現的記憶程度後，更容易從中獲得信心，而且表示被老師稱讚「努力做很多題目」時，感覺非常地棒。許多教師也認為「上課方式與流暢度都有所改善」。

203

● 以社會人士為主的中文教室也受益良多

Monoxer 不只適用於學生，以下就為大家介紹以成年人為對象的中文教室導入 Monoxer 的案例。

「waysChinese」是講求「學習實用中文」，且設計出最佳中文學習法的陪伴型中文教室。在語言學習的過程中，熟練度通常較難評估，很容易成為教學時的瓶頸。waysChinese 因此引進可將記憶附著度視覺化的 Monoxer，讓教師能夠更精準地給予指導。

APP 內的學習內容是利用 waysChinese 的獨家專業知識創建而成，除了統一圖像與對話表達之外，也能進行中文聽寫等。當中不僅提供與課程與相關聯的內容，Monoxer 還會根據學生的熟練度自動出題，所以相當適合作為熟記授課內容的工具。

此外，一打開手機或平板電腦內的 APP 就能馬上開始學習，完成一個循環

204

第 6 章　記憶工具能解決所有問題嗎？！

也只要數分鐘的時間，能夠迅速啟動、結束這一點，讓忙碌的社會人士也能輕鬆學習而頗獲好評。

◉ Point
記憶一旦效率化，學習效率也將大幅增加。

後記 使人生更加豐富的記憶術

本書從各式各樣的角度為大家介紹了記憶。記憶是形成個體人格的主要元素，也可以看作是人類在進行各種大腦活動時的重要依據。

人類會下意識地做出許多判斷，而這些判斷其實都受到至今為止的記憶與學習過的事物極大的影響。因此，記憶新事物是為了優化這些下意識的判斷，讓我們能自然而然地做出更好、更高層次的決定。

此外，思考力與創造力也和記憶脫不了關係。理解是建立在記憶的基礎上，而嶄新的創意也無非就是記憶的排列組合。

最後，記憶會改變我們對於世界的看法。當你記住了新的單詞，就會開始在大街上、網路上等映入眼簾的訊息當中，也發現與該單詞相關聯的事物。

後記

擅長記憶能為人生帶來的好處不勝枚舉。而且只要對記憶有正確的理解，任何人都能有效率地進行記憶。這也是在本書中向大家說明過的。

然而，關於記憶，目前還有太多未解之謎。

因此讀完本書後，或許你反而會產生更多疑惑也說不定。如果是這樣的話，建議不妨留意一下記憶相關的最新研究。身為記憶APP開發者的我，也一直關注著最新的研究，期許未來還有其他與大家分享的機會。

希望讀者們在學會了「記憶這門技巧」以後，人生都能過得更加多采多姿。

● 参考文献

- アラン・バドリー．2020．『ワーキングメモリの探究：アラン・バドリー主要論文集』．佐伯恵里奈（監訳）；齊藤智（監訳）；前原由喜夫（訳）；上野泰治（訳）；．北大路書房．
- Bandura, A.; and Schunk, D. H. 1981. Cultivating competence, self-efficacy, and intrinsic interest through proximal self-motivation. *Journal of Personality and Social Psychology* 41（3）: 586–598.
- Botwinick, J.; and Storandt, M. 1974. Memory, Related Functions and Age. *Handbook of the psychology of aging*. Charles C.Thomas.
- Cepeda, N. J.; Coburn, N.; Rohrer, D.; Wixted, J. T.; Mozer, M. C.; and Pashler, H. 2009. Optimizing distributed practice: Theoretical analysis and practical implications. *Experimental Psychology* 56（4）: 236-246.
- Ebbinghaus, H. 1913. *Memory: A contribution to experimental psychology*.（H. Ruger & C. Bussenius, Trans.）. Teachers College Press.
- Hirano, Y.; Masuda, T.; Naganos, S.; Matsuno, M.; Ueno, K.; Miyashita, T.; Horiuchi, J.; and Saitoe, M. 2013. Fasting launches CRTC to facilitate long-term memory formation in Drosophila. *Science* 339（6118）: 443–446.
- Inaba, H.; Kishimoto, T.; Oishi, S.; Nagata, K.; Hasegawa, S.; Watanabe, T.; and Kida, S. 2016. Vitamin B1-deficient mice show impairment of hippocampusdependent memory formation and loss of hippocampal neurons and dendritic spines: potential microendophenotypes of Wernicke-Korsakoff syndrome. *Bioscience, biotechnology, and biochemistry* 80（12）: 2425–2436.
- 金澤一郎（監修）；宮下保司（監修）．2014『．カンデル神科 』メディカル・サイエンス・インターナショナル．（原著 Kandel, Eric R.; Schwartz, James H.; Jessell, Thomas M.; Siegelbaum, Steven; Hudspeth, A. James. 2012. *PRINCIPLES OF NEURAL SCIENCE*, 5th Edition. McGraw Hill.）
- Karpicke, J. D.; and Blunt, J. R. 2011. Retrieval Practice Produces More Learning than Elaborative Studying with Concept Mapping. *Science* 331（6018）: 772–775.
- Kitamura, T.; Ogawa, S. K.; Roy, D. S.; Okuyama, T.; Morrissey, M. D.; Smith, L. M.; Redondo, R. L.; and Tonegawa, S. 2017. Engrams and circuits crucial for systems consolidation of a memory. *Science* 356（6333）: 73–78.

- Inoue, K.; Hanaoka, Y.; Nishijima, T.; Okamoto, M.; Chang, H.; Saito, T.; and Soya, H. 2015. Long-term mild exercise training enhances hippocampus-dependent memory in rats. *International Journal of Sports Medicine* 36: 280-285.
- Libet , B.; Wr ight , E . W. Jr ; a nd Glea son , C. A . 19 82 . Read ine s s - potentials preceding unrestricted 'spontaneous' vs. pre-planned voluntary acts. *Electroencephalography and Clinical Neurophysiology* 54（3）: 322–335.
- Libet, Benjamin. 2004. *Mind Time: The Temporal Factor in Consciousness*. Harvard University Press.
- McKim, D. B.; Niraula, A.; Tarr, A. J.; Wohleb, E. S.; Sheridan, J. F.; and Godbout, J. P. 2016. Neuroinflammatory Dynamics Underlie Memory Impairments after Repeated Social Defeat. *The Journal of Neuroscience* 36（9）: 2590–2604.
- Glanzer, M.; and Cunitz, A. R. 1966. Two storage mechanisms in free recall. *Journal of Verbal Learning and Verbal Behavior* 5（4）: 351-360.
- Potkin, K. T.; and Bunney, W. E., Jr. 2012. Sleep Improves Memory: The Effect of Sleep on Long Term Memory in Early Adolescence. *PLOS ONE* 7（8）.
- Rhodes, M. G.; and Castel, A. D. 2008. Memory predictions are influenced by perceptual information: evidence for metacognitive illusions. *Journal of Experimental Psychology: General* 137（4）: 615-625.
- Rosenthal, R.; and Jacobson, L. 1968. Pygmalion in the classroom. *The Urban Review* 3: 16–20.
- Roy, D.; Arons, A.; Mitchell, T.; Pignatelli, M.; Ryan T; and Tonegawa, S. 2016. Memory retrieval by activating engram cells in mouse models of early Alzheimer's disease. *Nature* 531: 508–512.
- Ｊ・Ａ・シュンペーター．2020.『シュンペーター：済発展の理論（初版）』八木紀一郎（訳）；荒木詳二（訳）.日 BP 日本 新聞出版本部．
- Shimizu, K.; Kobayashi, Y.; Nakatsuji, E.; Yamazaki, M.; Shimba, S.; Sakimura, K.; and Fukada, Y. 2016. SCOP/PHLPP1 β mediates circadian regulation of longterm recognition memory. *Nature Communications* 7.
- Slamecka, N. J.; and Graf, P. 1978. The generation effect: Delineation of a phenomenon. Journal of Experimental Psychology: *Human Learning and Memory* 4（6）:592–604.

- Smith, A. M.; Floerke, V. A.; and Thomas, A. K. 2016. Retrieval practice protects memory against acute stress. *Science* 354（6315）: 1046–1048.
- Sorrells, S.; Paredes, M.; Cebrian-Silla, A; et al. 2018. Human hippocampal neurogenesis drops sharply in children to undetectable levels in adults. *Nature* 555: 377–381.
- エリック・R・カンデル；ラリー・R・スクワイア；小西史朗（監修）；桐野豊（監修）．2013．『記憶のしくみ 上：脳の認知と記憶システム』講談社．
- エリック・R・カンデル；ラリー・R・スクワイア；小西史朗（監修）；桐野豊（監修）．2013．『記憶のしくみ 下：脳の記憶貯蔵のメカニズム』講談社．
- Thomas, A. K.; and Dubois, S. J. 2011. Reducing the Burden of Stereotype Threat Eliminates Age Differences in Memory Distortion. *Psychological Science* 22（12）: 1515–1517.
- Stonehouse, W.; Conlon, C.; Podd, J.; Hill, S.; Minihane, A.; Haskell, C.; and Kennedy, D. 2013. DHA supplementation improved both memory and reaction time in healthy young adults: a randomized controlled trial. *The American Journal of Clinical Nutrition* 97（5）: 1134–1143.
- Xie, W.; and Zhang, W. 2017. Familiarity increases the number of remembered Pokémon in visual short-term memory. *Memory & Cognition* 45（4）: 677–689.
- 及川昌典．2005．「テスト状況における達成プライミングの効果」『教育心理学研究』53（3）: 297-306．
- 及川昌典；及川晴．2010．「自己制御における意識と無意識─意識的編集と目標プライミングの効果─」『心理学研究』81（5）: 485-491．
- 鹿毛雅治．2012．『モティベーションをまなぶ12の理論：ゼロからわかる「やるの心理学」入門！』金剛出版．
- 太田信夫．1988．「長期記憶におけるプライミング：─驚くべき潜在記憶（implicit memory）─」『心理 評論』31（3）: 305-322．
- 筒井雄二．1997．「加齢にともなう記憶機能の変化」『学習院大学文学部研究年報』（44）: 109-126．
- 木村晴．2003．「思考抑制の影響とメンタルコントロール方略」『心理学評論』46（4）: 584-596．
- Quinlan, C. K.; and Taylor, T. L. 2013. Enhancing the production effect in memory. *Memory* 21(8): 904–915. 239

國家圖書館出版品預行編目（CIP）資料

超強記憶力訓練術：經科學研究證實！讓人生輕鬆10倍的高效能記憶技巧／畔柳圭佑著；淺田Monica譯. -- 初版. -- 臺中市：晨星出版有限公司，2024.12
　　216面；14.8 × 21公分. -- （Guide book；386）
譯自：記憶はスキル
ISBN 978-626-320-982-4（平裝）

1.CST：記憶　2.CST：學習方法

176.338　　　　　　　　　　　　　　　113016336

Guide Book 386
超強記憶力訓練術
記憶はスキル

作者	畔柳圭佑 Keisuke Kuroyanagi	日文原書製作	
譯者	淺田Monica	■內文設計、插畫、製作：齋藤稔（G-RAM）	
編輯	余順琪	■編輯協力：平野多美惠	
特約編輯	鄒易儒		
封面設計	耶麗米工作室		
美術編輯	林姿秀		

創辦人　陳銘民
發行所　晨星出版有限公司
　　　　407台中市西屯區工業30路1號1樓
　　　　TEL：04-23595820　FAX：04-23550581
　　　　E-mail：service-taipei@morningstar.com.tw
　　　　http://star.morningstar.com.tw
　　　　行政院新聞局局版台業字第2500號
法律顧問　陳思成律師
初版　　　西元2024年12月15日

讀者服務專線　TEL：02-23672044 / 04-23595819#212
讀者傳真專線　FAX：02-23635741 / 04-23595493
讀者專用信箱　E-mail：service@morningstar.com.tw
網路書店　　　http://www.morningstar.com.tw
郵政劃撥　　　15060393（知己圖書股份有限公司）

印刷　上好印刷股份有限公司

定價 350 元
（如書籍有缺頁或破損，請寄回更換）
ISBN：978-626-320-982-4

KIOKU WA SKILL
©KEISUKE KUROYANAGI 2022
Originally published in Japan in 2022 by CrossMedia Publishing Inc.,TOKYO.
Traditional Chinese Characters translation rights arranged with CrossMedia Publishing Inc.,TOKYO,through TOHAN CORPORATION, TOKYO
and Future View Technology Ltd., TAIPEI.

Printed in Taiwan
版權所有・翻印必究

| 最新、最快、最實用的第一手資訊都在這裡 |